社労士のための
経営会計

入門

税理士・社会保険労務士
大澤 賢悟 著

顧問先の経営に
より深く関与するための知識&実践

日本法令

は じ め に

　本書を手にとっていただきありがとうございます。

　筆者は、社会保険労務士の資格者です。とはいえ、事務手続きも助成金もやらない社労士です。恥ずかしながら、そもそも事務手続きの仕方すらわかりません。労務相談も年金相談もさっぱりです。

　税理士事務所を開業した当初は、税理士と社労士、両方の顧問契約を増やして稼いでいくことも考えました。しかし、開業にあたり、事業の戦略を考える中で、

---

　①　法改正や制度変更が多く片手間では行えない
　②　事務手続きや代行業務の将来性への不安
　③　専門に特化したほうがよい

という理由から、すぐにやめてしまったのでした。

　税務でも労務でも、毎年のようになにかしらの法改正があります。そのため、顧問先に対し法制度に関するサービスを提供するためには、常に多くの勉強をし続けなければなりません（①）。

　また、かつては税務・労務の事務手続きや申請代行業務だけで士業の事務所経営が成り立ったかもしれませんが、徐々にそのような時代ではなくなってきています（②）。

さらに、税理士業も社労士業も、将来的にAIが代行する可能性が非常に高いといわれて久しいです。そこで、中長期的な視点に立ち、同業者やAIがまねできない、専門分野に特化すべきと考えました。専門分野特化型のほうが、競合の多い士業の世界でも、顧客に効果的なアピールができます（③）。

　筆者は現在「中小企業診断士＆MBA×税理士×コーチ」として、会計を起点に経営改善するプロフェッショナルとして活動しています。これらにプラスして、さらに労務に関する法改正まで常に対応していけるほど、社労士の職域が甘いものではないことは、読者の皆様のほうがよくご存知でしょう。ですから筆者は、自分の専門に特化したうえで、労務のプロ、人事のプロ、助成金のプロ等とタッグを組むことを選択しました。

　筆者の社労士としてのもっぱらの業務は、求人のお手伝いをすることです。
　では、会社にとって「求人」とは何でしょうか。求人を単なる採用活動と考えるのならば、それは誤りではありませんが、少々短絡的というものです。
　市場に労働者があふれていて、求職者よりも会社側が優位であるならば、企業は「採用する」立場といえます。しかし、いまは採用難の時代であり、世は長らく売り手市場です。中小企業の多くは、実情としては「採用させてもらう」立場にあるといえるのではないでしょうか。いまは求職者側にアド

バンテージがあり、中小企業が価値ある人材を獲得するためには、そのような人材に選んでもらえるよう努めなければなりません。

　ビジネスにおいて、商品やサービスを販売する際には、「顧客のニーズ」に合わせ、提供する「商品やサービス」について創意工夫するものです。求人活動においても同様で、求職者という「顧客のニーズ」に合わせ、会社や職場という「商品・サービス」を変えていくべきと考えます。

　一般に、経営にまつわる諸問題は、ヒト・モノ・カネに集約されます。筆者は会計を起点としてカネとモノを見える化するサービスを提供しており、（求人という一分野ではありますが）ヒトについてもサポートできるよう、日々努めています。

　今年に入り、ChatGPTに代表されるAIが急速に一般化しました。事務手続きや申請代行業務等は遠くない将来、社労士ではなくAI等が担うことになるでしょう。そうであれば社労士は、ヒトにまつわるサポートを専門とする国家資格者として、より顧問先の経営に関与しなければならない時代になると予想されます。

　この本は、そのような立場にある社労士に向けて、経営学の基本、そのさらに初歩を知り、顧問先企業の経営により深く関与できるようになるための第一歩を後押しするものを目指しました。

　既存の経営学の解説書との大きな違いとして、中小企業の現場を踏まえた内容となるよう心がけました。MBAのよう

な学術的な経営学は、大企業ではとても役立つでしょう。しかし、中小企業においても、そのまま使えるとは限りません。多くの場合、現場の環境に合わせたカスタマイズが必要です。本書では、筆者が中小企業の現場で経験し、活用した内容を盛り込みました。

　本書は大きく3つの章に分かれています。

　第1章は、経営の基本です。経営理念や経営戦略はどういうものか、なぜ必要なのか等を解説しています。また、概念的なものに対する、現場での具体的な考え方も書いています。簡単な理屈を理解し、現場での運用を知ることで、自身の事務所等の経営にも、顧問先の経営者と接するときにも活用できます。

　第2章では、経営で使うフレームワークの中から、とくに有名なものを取り上げています。フレームワークというものは、使えば必ず成功するような万能な道具（ツール）ではありません。とはいえ、使うと使わないでは大きく違います。効果的に使えるようになると、多くの問題をあぶりだすことができます。成功を約束する道具ではありませんが、多くの失敗を減らすきっかけを与える道具です。フレームワークを中小企業に適用するには、どのような工夫が必要なのかも合わせて、ヒントをお伝えします。

　第3章では、会社の数字の読み方を解説します。社労士であっても、顧問先の数字を分析し、数字から戦略を行う機会が増えてきました。たとえば、人事評価制度を作成する場合には、適正な従業員給与の設定が必要です。この場合、数字

の裏付けがあると説得力が違います。会社はお金で回っています。基本的な部分を知っているかどうかで、顧問先に提案できるサービスの質に大きな違いが出てしまいます。提案に数字的な根拠があれば、経営者の受けるイメージも大きく変わるでしょう。

　本書が、経営の「理屈と現場」を理解する一助となれば幸いです。

令和5年7月

大澤　賢悟

も　く　じ

第1章

経営の基本的な柱

第2章

代表的なフレームワーク

第3章

会社を知る会計

第1章

経営の基本的な柱

　本章でとりあげるのは、「経営」の最も基本的な部分です。経営をするにあたって日々念頭におくべき、経営の「柱」ともいうべき概念ばかりです。

　あくまで基本的・根本的知識であり、経営の現場で即効性のあるツールの類ではありません。とはいえ、経営者には欠かせないものばかりです。まずは基本から始めましょう。

第1節　経営理念

経営理念とは

　「経営理念」は、経済学・経営学においては「経営理念論」として、古くから論じられているものです。

　経営理念について、広辞苑では「企業経営における基本的な価値観・精神・信念あるいは行動基準を表明したもの。」と定義されています。一般的にも、およそこのように理解されているといってよいでしょう。

　たとえばトヨタ自動車株式会社は、「内外の法およびその精神を遵守し、オープンでフェアな企業活動を通じて、国際社会から信頼される企業市民をめざす」「各国、各地域の文化、慣習を尊重し、地域に根ざした企業活動を通じて、経済・社会の発展に貢献する」など7項目を、「トヨタ基本理念」として策定しています。

　キヤノン株式会社はHP等にて、「キヤノンの企業理念は、『共生』です。（略）キヤノンは、「世界の繁栄と人類の幸福のために貢献していくこと」をめざし、共生の実現に向けて努力を続けます。」等と表明しています。

　各企業が、自社がどのような価値観や考え方等に基づいて

経営を行っているのかを、対象にわかりやすく伝えるために、シンプルかつ力強いメッセージとして言語化したものが経営理念である、ともいえます。

　メッセージたる経営理念をわかりやすく伝える対象は、3つに大別できます。社内、社外、そして経営者自身です。

社内に向けた経営理念

　会社というものは、多くの人で成り立っています。もし、すべての社員が同じ基準で、同じ方向を向き、同じ目線で仕事をすることができれば、会社の力を十分に発揮できるでしょう。社内に向けて経営理念を発信し、社員に会社の価値観や考え方を伝えることで、少しずつ理想に近づくことができます。社員には伝えた経営理念を、仕事をするときの判断基準にしてもらいます。

　たとえば、経営理念を学ぶときに有名な会社として、ラグジュアリーホテルのリッツカールトン（THE RITZ-CARLTON）があります。リッツカールトンの経営理念は「ゴールドスタンダード」というものです。

　ホテル業においては、顧客に出会う従業員1人ひとりのサービスの質が重要です。そのため同社では、顧客へ提供するサービスが常に最高レベル（＝ゴールドスタンダード）であるかが価値観であり、サービスを提供するうえでの判断基準になるのです。従業員のミスや顧客とトラブルが生じたときも経営理念に立ち返り、経営理念に沿った解決を行います。

社外に向けた経営理念

　社外に向けて経営理念を発信するのは、会社の考え方、価値観を伝えることで、会社のファン、フォロワーを作るためです。

　人には、立派な価値観の人を尊敬し、共感し、応援したくなるところがあります。自社の利益だけを優先している会社より、顧客や社会の幸福をも追求するような高い志を掲げている会社のほうが、人々に支持される可能性が高いというものです。

　もちろん、そのためには、会社の運営が経営理念に沿っていなければいけません。対外的には耳触りの良いことばかり言っておきながら、やっていることは真逆では、かえって信用を失ってしまうでしょう。つまり、社外に向けて経営理念を発信することで、経営理念に沿った行動をしなくてはと、自らの襟を正すことにもつながるということです。

経営者自身に向けた経営理念

　経営理念は、経営者が経営判断をするときの基準にもなります。

　経営が苦しくなると、どうしても楽なことや、その場しのぎの行動になってしまいがちです。そうでなくても、状況に応じて、人の考え方というものはブレやすいものです。

　仮に、目先の経費削減のため、サービスの基準を下げたら、どうなるでしょうか。一時的には利益が生まれるかもし

れませんが、往々にして信頼を失い、顧客離れを招き、長期的には大きな損失につながるでしょう。

経営理念は、社員だけではなく、経営者の価値観や判断の指針にもなるのです。

ビジョン、ミッションとの違い

経営理念と深く関係する言葉として「ビジョン」「ミッション」があります。

ビジョンとは、会社が将来成し遂げたい未来を表します。そのため、ビジョンは長期的な目的であり、会社の目指すべき姿といえます。

ミッションは、ビジョンを達成するためにやるべきことを表します。実際にやるべきことそのものです。

企業は、ビジョンにたどり着くために、経営理念を胸に、ミッションを1つずつ実行していくものといえます。

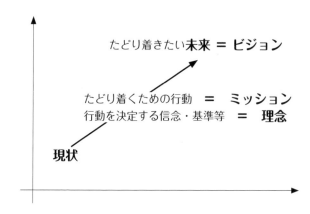

たどり着きたい**未来** = **ビジョン**

たどり着くための行動 **=** **ミッション**
行動を決定する信念・基準等 **=** **理念**

現状

経営理念の作り方

　筆者もそれなりに多くの経営現場を見てきましたが、企業規模が小さいほど、経営理念がない傾向にあると感じます。経営理念がない企業の多くは、そもそも考えていないわけではなく、はっきりと言語化していないのです。経営者が、「美味しいものを安く」とか「良いものを作る」とか、ざっくりとしたイメージを胸に秘めてはいるのですが、もったいないことに秘めたままになってしまっているのです。

　その背景には、言語化する必要性を感じていない、言語化する価値に気づいていないなど、様々な理由があるのでしょう。たしかに、経営理念には、経営への即効性はありません。そのため、「経営理念は役に立たないきれいごと」という考えの人も多くいるのも、理解できます。

　初めて経営理念を作るときは、きれいごとを書くと良いです。むしろ、きれいごとだからこそ意味があります。「衣食足りて礼節を知る」のことわざの通り、自分が困窮しているときに他者貢献をすることは困難です。しかし、そんなときでも、きれいごとを言語化した経営理念を社内・社外に公表してあれば、経営理念から大きく逸脱する経営をしにくいというものです。

　まずは形からで良いのです。形が経営者に影響を与え、その行動を「経営理念を意識した行動」へと徐々にシフトさせます。その積み重ねは、将来的に、大きな違いをもたらすことでしょう。

　また当初は、頭の中のまとまっていないイメージをきれいにまとめようとせず、とりあえず言語化することをおすすめしています。むしろ時間をかけるべきではありません。作成後に経営理念を変えるということが、よくあるからです。往々にして、実際に活用するうち、少しずつ違和感が出てきますので、それに応じて少しずつ修正を重ねます。

　筆者自身も、自分の事務所の経営理念を何度も変更しましたし、筆者と親しいコンサルタントや経営者等も、最初の頃は何度も変更していました。何度も何度も修正して、経営理念を磨き上げましょう。

　経営理念を作るうえでは、他社の理念を参考にするのも良い方法です。その会社によって、社是、社訓、基本理念、使命、基本方針、綱領、クレド……等々、名称が異なる場合もあります。それぞれ厳密には定義の異なる言葉ですが、現場で運用する際には大きな違いはありません。

　経営理念をあまり細かく複雑にしすぎるのは、望ましいことではありません。プリンストン大学の認知心理学者のジョージ・ミラー教授によれば、人間が15〜30秒の間に覚えられる情報量は5〜9語とされています。英語と日本語の差こそあれ、人は多くの情報（長い文言）を一度に覚えておくことができません。あまりに複雑な経営理念は他者には理解しがたく、経営者の自己満足だけで終わってしまうおそれがあります。

- **現状** 今の考え方や価値観
- **未来** 将来達成したいこと
- **過程** そのためにやるべきこと

の３つとするなど、覚えやすくシンプルなものにするとよい
でしょう。まずは身近な従業員等に共有されなければ、経営
理念の活用など見込めません。

経営理念の周知と実践

　経営理念は、最終的には社内・社外の人々に、認知・活用
してもらいたいものです。そのためには、これらの人に経営
理念の趣旨を理解し、共有しなければなりません。

　その状態に至るまでには多くの時間がかかるものですが、
①経営者自身、②社内向け、③社外向けの順番で、地道に周
知していきましょう。

　たとえば、前述のリッツカールトンのゴールドスタンダー
ドは、多くの書籍等で取り上げられるなどとても有名な経営
理念ですが、とはいえ「知らない」という人も少なくないで
しょう。

　世の中には、数々の有名企業がありますが、それらの経営
理念について、はたしてどれほど知られているものでしょう
か。Google、ユニクロ、トヨタ自動車、SONY、……、名
前を知らない人が少ないような企業でも、その経営理念はほ
とんど認知されていないといえるでしょう。

　相手が身内の立場であっても同様です。従業員等が、自主的に経営理念を読んだり活用したりすることなど、まずありません。

　本書は主に社労士の方に向けたものですが、おそらく世の社労士さんの大半は、全国社労士会連合会の理念をご存知ないはずです（筆者も知りませんでした）。同会のＨＰの「全国社会保険労務士会連合会とは」というページの冒頭に「安心して働き、暮らせる社会へ。」と書かれており、これが理念に一番近いものだと思われますが、この一文の知名度は間違いなく低いでしょう。

　内外の人々に、自らの理念をアピールするのは、とても大変なのです。

　これに対して、作成した本人は当然ながら、すぐに実践に移すことができます。しかし、いざ実践という段になると、自分で作ったものにもかかわらず、意外に意識できないことに気付かされます。そのためまずは、文字に書いたものを何度も見返すことにより、自分に刷り込むことになります。

　そのような試行錯誤を経て、ようやく経営判断・意思決定のため、経営理念を活用できるのです。

　まずは経営者が実践です。そのうえで、理念を繰り返し社員に伝えていきます。そのようにして、長い時間をかけて、従業員が理解を深め、会社になじみ、社内文化が醸成されます。同様に、社外にも発信を重ねます。とても時間のかかる作業です。

経営理念を作成・周知したからといって、周囲が自社に同調してくれたり、都合の良い行動をとってくれたりするわけではありません。とはいえ、地道に経営者が経営理念を実践することで、少しずつ会社に良い影響がもたらされます。少しずつ、同じ方向・同じ感性・同じ価値観に従業員の意識が向くことで、強い会社に成長していきます。

　従業員に経営理念を浸透させるにあたっては、文字として書き出し、日常的に目にふれる機会を作るのが効果的です。カード型にして携帯する、ポスターにして貼る、手帳に印字して配る、といった手法がよくとられますが、これらはどれも意図せず目に入る環境を作っています。社内イントラネットなどでの掲示は、作業としては楽ですが、期待するほど目にふれず、効果も薄いでしょう。

経営計画書による周知・共有

　経営理念以外で従業員に伝えたいことや経営計画などを加えた**経営計画書**を作ることも有効です。

　以下（19頁）は、筆者の事務所の経営計画書です。理念・ビジョン・ミッション以外にも、戦略・戦術（本章**第2節**）、伝えたいことなどを記載しています。日々、読み合わせを行うなど、内容を従業員と確認しています。

第6期（2023年度／個人事業6年目）　　　　　　社外秘

人を大切にする経営計画書

自　2023年　1月　1日
至　2023年12月31日

1. 本書は仕事をする上で最も重要な道具です。いつでもどこでもすぐ取り出して読んだり、メモしたりできるよう常時携帯し、ボロボロになるまで使い切ってください。本書は、期末に回収し、どれだけ道具として使っていただいたか確認します。
2. 本書は社外秘です。社長の許可なく、一部でも外部の人に見せること、コピーすることは厳禁です。

大澤質情税理士事務所・社労士事務所

◉経営理念
「やる気」を「笑顔」に変える

〜 理念を達成するための定量的な目標 〜

お客様の会社の社員満足度95%以上、一人当たり経常利益100万円
以上にする

◉ビジョン（将来、たどり着く目的地）

小さな会社の全社員をわくわくさせることで活力のある社会の土台を作る

◉ミッション

大澤税理士事務所は月次決算書、行動計画実績書、経営計画書、ビジネスモデルキャンパス、ありたい姿を作るシート、金融機関の信頼を勝ち取る資金繰り表を使う独自のサービスで経営を見える化することで、問題点を解決し、より良い未来を作るためのお手伝いをします。他社にない、これらの道具を使うことで、社長にとって重要な経営にかかわる情報が見える化されるため、会社の経営資源を100%活用するお手伝いをすることができます。

社労士業務と経営理念

　人に携わるプロフェッショナルたる社労士にとって、理念やビジョンはもっとも重要なものの1つといえます。

　人員に余裕のない中小企業の経営者は、従業員が自分の考えと同調し、同じ方向に向かってくれることを期待するものですが、得てして期待通りにはなりません。ここで、理念やビジョンに沿った採用や、理念やビジョンを浸透させる従業員育成が実現できれば、会社は一丸となって同じ方向に向かうことでしょう。

　社労士にとって、理念・ビジョンを社内に浸透させるためのプログラム・研修類を提供できれば、それは魅力的な商品・サービスになり得ます。

第2節　経営戦略

戦略と経営戦略

　経営戦略について理解するにあたっては、まず「戦略」について知らなければなりません。

　戦略、および似た概念である「戦術」について、広辞苑では以下のように説明されています。

> **戦略**……戦術より広範な作戦計画。各種の戦闘を総合し、戦争を全局的に運用する方法。転じて、政治・社会運動などで、主要な敵とそれに対応すべき味方との配置を定めることをいう。
>
> **戦術**……戦闘実行上の方策。一個の戦闘における戦闘力の使用法。一般に戦略に従属。転じて、ある目的を達成するための方法。

　戦略が戦争そのものに勝つための方策であるのに対して、戦術は各戦闘（局地戦）に勝つための方策である、という定義です。

　戦略核と戦術核の違いがわかりやすいかもしれません。戦略核は、大陸間弾道ミサイルによって相手国（のミサイル基地や補給基地等）を破壊することで敵国の戦争能力を奪い、

戦争そのものを終結に持っていくことを目的とするものです。これに対して戦術核は、戦場にて用いることで、その戦場での勝利を収めることを目的としているという違いがあります。

孫子の兵法書

　戦略について解説するものとしてもっとも名高いのが、「孫子の兵法（書）」です。孫子の兵法書は、中国春秋時代（紀元前500年頃）に、孫武によって書かれたとされています。どのようにして戦争に勝利するか、各戦場ではどのようにして戦うのかについて、体系化・言語化されています。

　孫氏の兵法書の戦略は、非常に高い評価を得ています。およそ2,500年たった今でも、その考え方を経営に応用したたくさんのビジネス書が書店に並び、多くの経営者に読まれているほどです。

　余談ですが、ことわざに「敵を知り己を知れば百戦危うからず」というものがありますが、これも孫子の兵法書を出所とするものです。

　このように、「戦略」とは古来からある、戦争に勝つための全局的な運用方法なのです。

　そして、それを経営に応用した考え方こそ、「経営戦略」と呼ばれるものです。経営戦略は「経営戦略論」として、経営学の一領域を担う、基本にして重要な論点となっています。

戦略と戦術と戦法

「戦略」と「戦術」には、さらに下位の概念として「戦法」もあります。戦略・戦術・戦法は、図のような階層構造になっています。

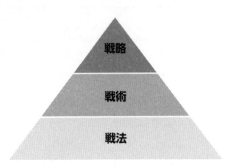

戦略を完遂するための手段が戦術であり、戦術を成功に導くための手段が戦法です。戦争では、軍師が戦略を立て、隊長が戦術を担い、それを踏まえて戦場で戦う方法が戦法となるでしょう。このように、階層により対象となる範囲や、とるべき役割が違ってきます。

経営にあてはめれば、戦略は経営者等の役員が、戦術は管理職者が、戦法は現場従業員が主に担当します。経営における戦略・戦術・戦法とは、およそ次のようなものです。

戦 略

　全体的な方針、シナリオ。経営目的を達成するための総合的・長期的な方針。

戦　術

　戦略を達成するための具体的な現場方針。目標を達成するための具体的な方向性や実践的な計画。

戦　法

　現場で具体的に行うこと。ToDo。現場で顧客とどのように話すか、どのように施術するかなど、個別具体的な行動。

　戦略で会社運営の大まかな方向性を定め、戦術で現場での計画を立て、戦法で具体的な作業を決めます。より具体的な例を挙げると、次のようになります。

戦　略

　経営において「大まかに何をするのか」という計画立案。売上を増やすのか、利益を増やすのか。売上を増やすとすれば、その経営指標は客単価UPか、客数UPか。ターゲットにする市場は既存の市場か、新規市場か……。

戦　術

　戦略として「客数UP」の方針が決定されたとき、「どのようにして達成するのか」という方法。集客に用いるのはSNSか、DM・広告か、紹介・口コミなのか……。

戦　法

　戦術がDM活用に決まったときの「具体的な文面」。

現代の経営では、何事も不確実で変化の速い市場という戦場において、いかにして利益を上げる（勝利する）かが求められます。勝利のためには、多くの戦略論・戦術論を応用して活用することが効果的です。

　つまり経営戦略とは、中・長期的に利益を上げるための方法であり、経営戦術とは短期的もしくは個々の現場で利益を上げるための選択を成功させるための方法なのです。

中小企業にとっての戦略・戦術・戦法

　中小企業の経営現場では、このような経営上の戦略・戦術・戦法がうまく機能していないケースをよく見かけます。

　うまくいかない理由の１つに、中小企業の組織構造があります。中小企業・零細企業の場合、経営者が経営トップで現場指揮官、さらにはプレイヤーということも少なくありません。このような環境では、経営者が戦略も戦術も戦法も、計画し実行する立場にあります。こうなると、同じ人が計画・実行すべてを行うことから、考えるよりもやってしまおうとなりがちです。

　また、戦略・戦術・戦法を計画したとしても、「実際に何をするか」に意識が向いてしまい、戦略・戦術から外れた戦法をとりがちです。

　たとえば、先の例でいえば、DMを活用するはずだったのが、なぜかSNSの活用から始めてしまうようなことです。

そもそも、現実問題として、戦略と戦術などは切り分けが難しいということもあるでしょう。ここまでは戦略、ここからは戦術と、必ずしも切り分けられないこともあるでしょう。

　たとえば、営業活動を行うための大まかな方針は、戦略でしょうか、それとも戦術でしょうか。営業の視点では「営業戦略」となりますが、経営の視点では営業戦略は経営戦略のための戦術にあたるでしょう。戦略・戦術・戦法は、あくまで概念的なものであり、実は明確な線引きなどできないのです。

　そのため、実際に運用する際には、まずは大局的で抽象的なら戦略、ある程度具体的なら戦術といった感じでざっくりと階層分けを行うとよいでしょう。経営を戦略や戦術という概念で分けることが目的ではありません。戦略や戦術という概念を用いることで、より良い経営をしていくことが目的です。「上位の目的達成のための下位の活動」という考えが重要です。

　また、戦法はマニュアル化することをおすすめします。属人性の強い戦法では、従業員ごとの得意・不得意でサービスの質が左右されてしまいますが、戦法をマニュアル化できれば、作業やサービスの質は一定以上で安定するでしょう。マニュアル化しづらい部分がある場合は、情報共有を進めます。共有された情報は、やがて会社の知見として蓄積されるでしょう。

人事と戦略

　人事面でもっとも顧問先の社長に貢献できることの１つ
は、人事戦略の立案です。近年の人材不足により、中小企業
では人の問題が経営に大きな影響を与えます。採用・育成・
評価制度をどうするかは、中小企業にとっては常に悩ましい
問題です。社長の意図をくみとり、人事戦略を策定し、戦略
に沿って人事にまつわる様々な提案を行う。これからの中小
企業を支えるニーズの高い業務です。

第3節　競争戦略

経営戦略とマイケル・ポーター

　今日、経営戦略（本章**第2節**）を語るうえで外せない重要人物の1人が、**マイケル・ポーター**です。マイケル・ポーターはアメリカ生まれの経営学者で、本書執筆時点で75歳を超えてなお、ハーバード・ビジネス・スクールにて教鞭をとっています。本節でとりあげる競争戦略のほか、5F分析（**第2章第2節**）、バリューチェーン（**第2章第10節**）などの理論も提唱しました。その代表的著書『競争の戦略』（ダイヤモンド社、1995、新訂）は経営戦略論の古典として、今日でも多くの経営者や学生等に読まれており、MBA取得者が選ぶおすすめ経営学書ランキングで第1位を獲得するほどです。

　本節では、このマイケル・ポーターが提唱した「**競争戦略**」をとりあげます。

　企業は市場で、多くのライバル企業と競争をします。競争するにあたり、作戦を立てず行き当たりばったりでは、勝てる勝負も勝てません。競争戦略とは、企業が市場でライバル企業に勝つための戦略です。

　マイケル・ポーターによれば、会社が取る戦略は次の3種

類とのことです。

- ❶　**コストリーダーシップ戦略**
- ❷　**差別化戦略**
- ❸　**集中戦略**

コストリーダーシップ戦略

　❶**コストリーダーシップ戦略**は、市場で競争する企業の中で、もっとも低いコストで商品・サービスを作り、ライバル企業に対してコストの優位性で戦う戦略です。

　「コストリーダーシップ戦略＝低価格販売」と誤解されることもありますが、あくまでコストの優位性で戦う戦略であることに注意が必要です。その基準は、売価ではなく原価（コスト）ということです。

　商品・サービスを作るコストが市場の中でもっとも低ければ、当然、価格を下げて競うことが可能です。たとえば、自社が原価50円、ライバル企業の原価が60円であれば、売価を55円まで下げることで、ライバル企業は常に赤字の水準となり、太刀打ちできません。それだけではなく、同じ価格で販売していても、より多くの利益を得ることができます。上記の例でいえば、売価が70円なら、自社の利益は20円、ライバル企業は10円です。コストリーダーである自社は2倍の利益を得られます。利益が多ければ、他社よりも多くの商品・サービスを開発したり、広い市場で戦い方を変えたり

と、選択肢が増えます。このように、コストが低いということは他社に対する圧倒的な強みとなります。

　しかし、一般的にコストリーダーシップ戦略は、市場でもっともシェアの大きなNo.1企業のみが採用することのできる戦略だと考えられています。その根拠とされるのが、「規模の経済」「範囲の経済」「経験曲線効果」という3つの経済学の基本的な考え方です。

規模の経済

　規模の経済とは、同じものを生産する場合、生産量が多いほうが1個当たりのコストが低くなるという考え方です。

　たとえば、ある商品1個を作るのに、材料費が1万円、機械の購入費（機械代）が1,000万円かかるとします。この商品の1個当たりのコストは、生産量に応じて次のように変化します。

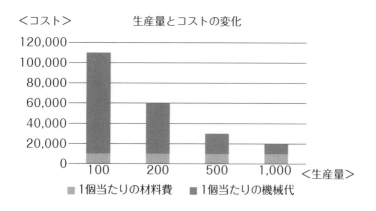

<コスト>　　　　　　生産量とコストの変化

■1個当たりの材料費　■1個当たりの機械代

材料費は1個当たり1万円で変わりません。その一方、機械代は作った個数に割り振ることができます。その商品が特注品で1個しか作られないのであれば1個当たりの機械代が1,000万円なのに対し、1,000個生産した場合には1個当たり1万円となります。

　このように、規模が大きくなると投資額を生産個数で割ることができます。つまり、適正な投資を行った場合、規模が大きいほうが低コストになります。

　さらに上記仮定においては、材料費を生産量によらず同額にて計算していますが、現実では必ずしもそうではありません。大量に仕入れれば、価格交渉も可能となり、仕入価格は安くなります。そのため、規模が増えることで、ますますコストを下げられます。

範囲の経済

　範囲の経済とは、取り扱う商品点数が増えるにつれて1個当たりのコストが下がるという考え方です。

　たとえば、1つの工場で2種類の商品を作るとき、工場の費用は2種類の商品に配分されています。たとえ片方の商品の売行きが多少悪くても、もう片方の商品の調子が良いのであれば、工場全体のコストを賄うことができるでしょう。流通に使うトラックや梱包設備等についても2商品で併用することで、さらにコストを下げることも可能となります。

　他にも、商品Aの副産物が商品Bの材料になる場合が該当します。たとえば、お酒造りにおいては、たくさんのお米を

削り、削られたお米の芯の部分のみを使います。言い換えると、芯以外の削られた部分は、通常であれば廃棄されます。しかしここで、この削られた部分をせんべいとして加工できれば、商品の原材料とすることができます。つまり、お酒だけを造っている場合は廃棄費用として発生していたコストが、せんべいとして加工・販売することで材料となるため、全体としてコストダウンにつながるのです。

経験曲線効果

　経験曲線効果とは、累積生産量が増えるにしたがって、1個当たりのコストが低くなるという考え方です。一時的な生産量ではなく「累積の」生産量であることに注意が必要です。

　個人でも複数人でも、人は初めての作業より慣れた作業のほうが、効率が良くなるものです。累積生産量が100個、1万個、100万個……と増えるに従い、効率的な作業ができるようになっていきます。要は、作れば作るほどコツがわかるので、作業過程でコストが下がるということです。

　これら3つの経済効果がもっとも発揮されるのは、市場シェアのもっとも多いNo.1企業です。生産規模、生産商品点数、累積生産量はすべて、No.1企業が最大になるためです。このような理由から、コストリーダーシップ戦略はNo.1企業の戦略だと考えられます。

差別化戦略

❷**差別化戦略**とは、競合する企業（とくにその市場での No. 1 企業）と比べて、自社に優位な部分を活用するという戦略です。消費者のニーズに合う「競合企業との違い」を差別化要因として打ち出すものです。

市場 No. 1 企業に対し、No. 2 （以下）の企業は、コストリーダーシップ戦略の点から、コスト面で勝つのは現実的ではありません。そこで、自社の得意分野にて違いを出し、そこを顧客にアピールしていきます。

そのためには、市場の様々な要因を分析し、差別化すべき要素を特定することが重要です。

たとえば、次の図のような場合であれば、No. 1 企業に優位に立っている「要因 B」を差別化要因として、顧客にアピールするわけです。

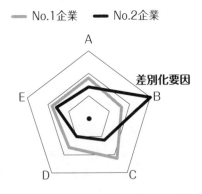

このような差別化を上手に行ったことで有名な商品が「ア

サシスーパードライ」です。当時は「ビールといえばキリンラガー」という時代であり、どっしりとした濃い味わいが主流でした。そのような中、アサヒビール社が市場を調査した結果、若い人を中心に、キレのある軽くて辛口のビールにニーズがあることがわかったのです。そこで同社は、軽い・キレ・辛口の口当たりを差別化要因とするドライビールを、新商品として市場に投入しました。その結果、ビール市場のシェアは大きく覆ることとなったのです。

このように、差別化戦略をとることで、No. 1企業とは異なる顧客ニーズに訴求することを目指します。

たとえばコンビニエンスストアは、スーパーマーケット等と比べると、品ぞろえは少ないし価格も高いうえ、サービスも優れてはいません。しかし、便利（店舗が近所にあり、早朝や夜間にも営業）という点で差別化することで、スーパーマーケット等のシェアを奪いました。顧客にとって重要な要素で差別化することが、差別化戦略の基本です。

集中戦略

❸集中戦略は、市場の一部の顧客に特化するという戦略です。

特化した市場においてNo. 1企業であれば低コストを基本としたコスト集中戦略を、そうでなければその狭い市場内にて差別化を行い、差別化集中戦略をとります。いずれにしても、今いる市場の中で一部のニーズに特化して勝負をするというものです。「専門店化」というとわかりやすいかもし

れません。

　近年流行した専門店に「高級食パン専門店」があります。単に「パン屋」ではなく、より狭い商品にリソースを絞ることで、一部の顧客に強くアピールすることを狙ったものです。

　ただし、集中戦略には注意が必要です。あまりにターゲットを絞りすぎれば、そもそも顧客などいない（市場として成立しない）ということにもなりかねないからです。

　「昆虫食」というものをご存知でしょうか。昆虫はいまや、高たんぱくで低カロリーとして、国連食糧農業機関も推奨する食材とされ、多くの国で実際に食べられています。国内でも（数えられる程度ですが）自販機が設置され、2020年からFUTURENAUT合同会社（現FUTURENAUT株式会社）が敷島製パンと合同でKorogi Cafeシリーズを発売しています。2023年には、敷島製パンがコオロギ粉末入りパンを通信販売限定で発売したものの、補助金の問題もあり、インターネットで炎上したことでも有名です。

　賛否はあるものの通信販売では一定の需要を満たしている昆虫食ですが、今の日本でたとえば店舗型の「虫パン専門店」を開業したとして、一定の顧客を安定的に確保できるかといえば、まだ難しいでしょう。

　また、元の市場が狭いので、ブームなどが起き過当競争になると、顧客の確保が困難になります。現に最近では、高級食パン専門店は過当競争とブームの陰りをうけ、減少傾向に

あります。集中戦略の成功後も市場の動向に注意し、次の差別化を模索し続ける必要があります。

中小企業がとるべき競争戦略は差別化集中戦略

　以上❶〜❸を踏まえたうえで、中小企業、とくに零細企業におすすめしたい競争戦略が、**差別化集中戦略**です。どんな市場であれ、簡単にNo. 1になることはできません。たとえなれたとしても、市場が開拓されるにつれ、やがて大企業が参入してくることでしょう。大企業と対峙したならば、コストの面でも差別化の面でも勝負にならないというものです。

　差別化集中戦略は、集中戦略の中で差別化戦略をとる手法です。その基本は、自社の強みが活きる市場であり、かつ大きな企業が参入しづらい狭い市場で戦うことにあります。その市場において、ライバル企業にどの部分で差別化するかがポイントとなってきます。経営学的には、市場調査を行い、参入市場を選定し、そこで顧客のニーズに合った商品・サービスを提供することが推奨されます。とはいえ、経営の現場において、経営学の教科書通りの順序でビジネスを築けることは、むしろ稀です。往々にして、現在の商品・サービスがあり、価格も場所も取引範囲も、ほとんど決まっているものであり、そのうえ資金も技術も設備も制約が多いなど、理屈通りにいかないものです。

　そのため筆者は、企業が差別化集中戦略をとるにあたっては、次の方法をおすすめしています。

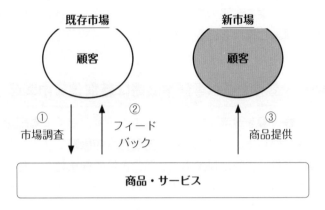

　まず、現在提供している商品・サービスをもとに顧客の
ニーズを考えます（①市場調査）。既存の顧客からヒアリン
グする、アンケートをとるなどできることから始め、地道に
ニーズを探していきます。

　商品・サービスのカスタマイズ、あるいは販売方法のカス
タマイズによって差別化できるようであれば、そのように商
品・サービスまたは販売方法を改善します（②フィードバッ
ク）。ヒットする商品・サービスを作るには、頭の中だけで
考えてもなかなかうまくいきません。プロトタイプでもよい
ので市場に提供し、顧客の反応をもとに改善することが重要
です。

　現在の市場で成功できればよいですが、様々な手を尽くし
たものの、現在の市場では差別化がはかれず、いっそ新しい
市場に移ったほうがよいという場合もあります。そのような
場合は、その新市場にて従来の商品を提供し、新たな顧客の
反応を見ます（③商品提供）。

　メンズエステなどは、市場を移転して差別化した典型例です。従来は女性向けであったエステサービスの競争が過熱したため、男性向け美容市場に投入し、結果、市民権を得ました。

　このように市場を変える場合でも通常は、近隣市場を検討するものです。女性から男性へとターゲットを変更していますが、市場では大枠で「美しくなりたい人」という一括りのターゲットともいえます。世代の変化とともに男性のニーズが変わってきたことも成功要因の1つでしょう。

　本節の内容を戦略と戦術（本章**第2節**）に分類すると、戦略は差別化集中戦略、戦術は①～③で立てる計画となるでしょう。このように商品・サービスに変更を加えつつ、どうやったら他社と差別化できるのかということが、中小企業の唯一の競争戦略といえるのではないでしょうか。

　新しくビジネスを立ち上げるにあたり、多くの場合では、自分の得意分野ややりたいことが既にあり、商売をする地域もまた決まっているものです。そのような場合でも創業計画の段階で、本節のような考え方による差別化を行うことができれば、その後の販売・集客は劇的に変わることでしょう。

第4節　PDCAサイクル

経営以外の分野にも広がったPDCA

PDCAサイクルは、アメリカの統計学者エドワーズ・デ
ミングが提唱したとされています。もともとは**統計的品質管
理**のツールでしたが、いまでは広く経営に用いられている、
有名かつ基本的な考え方です。

PDCAサイクルは、「Plan（計画）➡ Do（実行）➡
Check（検証）➡ Act（改善）➡ Plan（計画）➡……」と、
4つのプロセスを循環して繰り返すことによる改善手法で
す。

いまでは経営の分野にとどまらず、ビジネス以外の分野で
も用いられる考え方ですので、ご存知の方も多いでしょう。

経営学としての、その基本的な手順は次の通りです。

計画（Plan）

　過去や現在の情報をもとに将来の計画を立てる。最終目的、途中目標などは、経営的な指標とともに数値の指標を設けることが推奨される。

実行（Do）

　計画にそって実行する。計画倒れにならないように、確実に実行できる体制作りが重要。

検証（Check）

　実行した結果を検証し、計画と比較する。検証作業では、計画にそって実行できたかを確認する。「計画通りできなかった場合には、なぜできなかったのか」「計画通り行ったのに計画と違う結果となった場合は、その理由は何か」などを検討する。

改善（Act）

　検証作業で出てきた問題点等をもとに、今後の対策や方針などを検討する。改善での結果を踏まえ、次のサイクルの計画（Plan）に役立てる。

　このように、計画・実行・検証・改善というサイクルを繰り返すことで、発生した問題を次にフィードバックし、より良くしていこうとする経営手法です。

現場での活用方法

筆者が中小企業経営の現場でPDCAの手法を用いる際は、

検証（Check）から開始することが多いです。すなわち、「検証（Check）➡改善（Act）➡計画（Plan）➡実行（Do）」というサイクルです。

　「すでに事業（Do）を行っているから」というのも理由の１つですが、なにより、「中小企業は資金の問題を抱えていることが多く、その財務状況によって、改善すべきこと（Act）の優先順位がまったく違ってくるから」です。売上をどんどん伸ばした結果、手元資金がなくなってしまうこともあります。まずは、会社の財務状況の把握、そしてビジネスモデルの把握（Check）。それらを改善したうえで（Act）、ようやく未来の計画（Plan）となります。

　このとき、計画（Plan）には、あまり長々と時間をかけるべきではありません。財務面で余裕のない中小企業であれば、なおさらです。紙幅の都合で詳細は省略しますが、筆者は**仮説思考**（限られた情報から仮説を立て、仮説を仮の結論とする思考方法）を活用するなどして、速やかに計画するよう助言しています。

　さて、中小企業においてPDCAサイクルを実践するにあたり、一番の難しさは継続させることにあります。大企業であれば、経営管理部門のような専門部署があるため、会社全体を改善プロセスに巻き込むことも容易といえます。一方で中小企業では、往々にして経営者自身が経営管理部門的な役割を担わなくてはならず、日々の業務や眼前の現場作業に追われるばかりで、経営改善などとても取り組めないというケースが少なくありません。「検証（Check）➡改善（Act）

➡計画（Plan）」のフェーズはコンサルタント等のサポートを得ることで進めることもできますが、実行（Do）のフェーズだけは、外部に委託するわけにはいきません。

　とくに、現場作業からのたたき上げタイプの経営者の場合、職人気質が強く、戦略策定や経営改善といった取組みを苦手とするケースに、筆者はよく遭遇します。このタイプの経営者に対し筆者は、PDCAを確実に継続してもらうために、計画や実行の内容を数字化して**「見える化」**するようおすすめしています。見える化する（改善が滞っていることを一目瞭然にする）ことで、改善をしないのは良い気分ではないという状況を作り、心理的に改善につながりやすい環境を用意するのです。

　なお、よく使われるこの「見える化」という言葉ですが、これはトヨタ自動車による業務改善で最初に用いられたといわれています。PDCAと同様、生産管理から生まれた経営学用語が、経営にとどまらず広く使われるようになりました。

PDCAサイクルはもう古い？

　PDCAサイクルは、もともと品質管理の手法として考案された経営ツールです。計画立案に時間がかかる点、前例を非常に重視する点など、自社の現況にそぐわない点もあるかもしれません。

　最近は「PDCAは品質管理の手法であり、現代の早い変

化に対応できない、これからはOODAだ」という見解も、ときおり目にします。

　OODAループ（ウーダ・ループ）とは、アメリカ空軍のジョン・ボイド大佐により提唱された、航空戦に挑むパイロットの意思決定と行動に関する理論です。OODAはObserve（観察）、Orient（判断）、Decide（意思決定）、Act（行動）の４つの頭文字で、これを成果が出るまで繰り返すことから、OODAループと呼ばれます。

　OODAループは、「変化の早い現在の市場に対応するにはより早い意思決定と行動が効果的である」という考えから、注目を浴びました。「拙速は巧遅に勝る」という格言を地で行く行為です（なお、この格言は前述の「孫子の兵法書」を出典とされがちですが、これは誤りです）。

　経営学を論じる上で、これからはPDCAサイクルよりもOODAループだというのは一理ある見解ですが、筆者は経験上、中小企業の経営改善の現場においてはPDCAもOODAも大差ないと感じています。

　第2章で紹介するフレームワークにも関係することですが、道具（ツール）の使い方というのは一辺倒ではありません。むしろ、基本のフレームの考え方を理解しつつも、実際には状況に合わせた柔軟な使い方こそが肝要なのです。PDCAサイクル（やOODAループ）を用いる際も、現況に沿った柔軟な運用がポイントといえます。

採用はPDCAと差別化

　現代は、人材確保が経営の重要な要素となりました。今後の労働人口減少は確定事項であり、人材の確保はますます困難になります。このような時代における採用では、求人手法についてPDCAの実践が不可欠です。

　まずは、他社と差別化した求人情報を作成します。そして、ハローワークやIndeedの無料版等を活用し、求職者の反応を確認します。その反応をもとに求人情報を改善し続けることで、より確度の高い求人が可能となります。また複数の求人媒体の反応から、自社のビジネスモデルに最適な媒体を探すのも有効です。

　社労士は人のプロフェッショナルとして、PDCAを活用し、社長のサポートを行ってください。

第5節 アントレプレナーシップ

アントレプレナーシップとは

　アントレプレナー（Entrepreneur）はもともと、フランス語で「仲買人、貿易商」を意味する言葉でした。

　オーストリア・ハンガリー帝国（のちのチェコ）の経済学者、**J・A・シュンペーター**が『経済発展の理論』（岩波文庫、1977、上下巻。原著は1912）において、「革新を行う者」「イノベーションをもたらす者」を指してアントレプレナーと呼んだことから、経済用語として定着しました。その後、名高い経営学者である**P・F・ドラッカー**が様々な場所で取り上げたことで、一般に広まりました。

　このアントレプレナーに英語の接尾辞shipを付けたのが**アントレプレナーシップ**です。

　日本では「企業家精神」「企業家的行動能力」などと訳されます。経営学上、アントレプレナーシップの定義には幅がありますが、一般に、経営者が持ち続けるべき新事業への考え方や、心の置きよう、精神状態、などを指す言葉と理解されています。

　革新（イノベーション）の意味合いを強調するため、「起業家精神」などと訳している場合も多いです。

財務基盤の脆弱性、人材の不足といった様々な問題を抱えていてもなお、常に新しいビジネスモデルを模索し、チャレンジしていかなければ、中小企業は生き残っていけません。チャレンジがあえなく失敗することも多いでしょう。だからといって経営者がくじけてしまえば、会社は前に進むことができません。アントレプレナーシップは、どんなにつらいときでも、厳しい環境でも、経営者と従業員を精神的に支え、常に新しいビジネスを成功させるための努力や行動につながる原動力といえます。

現場でのアントレプレナーシップ

中小企業では多くの場合、会社の方向性・道筋は経営者の考え方次第で大きく左右されます。大企業のようにシステマチックに運営されているわけではなく、たくさんの役員により意思決定されているわけでもなく、とにかくトップの舵取り次第……。そのような中小企業では、経営者の精神状態が、経営の状態に直結して当然というものでしょう。

家族経営であればなおさらです。従業員に実の家族が含まれており、会社の利益が経営者の家庭の収入に直結するようなファミリー企業では、経営者はビジネスの悩みとプライベートの悩みが交錯する中で、両方の舵取りをしています。その精神的な負担は、いかばかりのものでしょうか。

突き詰めて考えると、中小企業経営におけるアントレプレナーシップとは、くじけぬ心です。たとえどのような困難に直面しても、経営者が精神の安定を保ち、少しでも前向きに

行動できるように意識し続けるためのものといえるかもしれ
ません。

心持ちを維持するための環境作り

　経営者というものは、非常に孤独な立場にあるものです。
恒常的に多くの問題を社内外に抱えているにもかかわらず、
ステークホルダーからは常に100点満点を取り続けることを
求められるという、因果な職業です。

　とはいえ、社員に愚痴をこぼしたり、弱音を吐いたりする
わけにはいきません。経営について相談できるパートナーに
恵まれず、ひたすら耐え続ける経営者もいるものです。

　経営者がそのような孤独に苛まれず、自社の実績を築いて
いくためには、その精神を安定・維持する環境作りが大切に
なってきます。

　具体的な環境作りは、経営者の人となりによって様々です。筆者の近しい事例を2つご紹介しましょう。

　まず、メンターを作ることが有効です。メンターとは助言
や支援をしてくれる相手です。尊敬できる経営者をメンター
とするケースや、経営コンサルタントがメンターを兼ねる
ケースなどがあります。

　いろいろな経営者とグループを作り、相談会などを行う方
法もあります。失敗談や成功談などを共有するなかで、「経
営に悩んでいるのは自分だけではない」という安心感をも得
る場とするのです。

代表的なフレームワーク

　第2章ではマーケティングや経営改善に使われるフレームワークのうち、とくに有名なものを紹介します。

　一般的に、フレームワークとは「経営改善や問題解決に役立つ、共通の考え方や枠組み」と考えられています。

　筆者の経験からいえば、フレームワークというものは多種多様であり、そのうち1種だけで経営のすべてを検討できるなどということはありません。ましてや、フレームワークを用いることで、ただちに経営がうまくいくわけでもありません。

　フレームワークを使う最大のメリットは、①経営の見える化と、②検討漏れを減らすことにあります。

　実際にフレームワークを活用する際は、ホワイトボードやパソコン上、印刷された紙などに無記入のフレームワーク（図表）を用意し、これに書き込むことで行います。文字として書くことで、漠然とした思考を目で見ることができるようになり、これまでにない気付きや考え漏れを見つけられます。複数の人と共有することもできます（①）。

　また、フレームワークというものは、経営環境を表した図や表になっており、検討の初期段階では、フレームを埋める作業から始まります。あらかじめフレームワークによって検討すべき項目が挙げられているので、検討漏れを防ぐことができます（②）。

第1節　３Ｃ分析

３Ｃ分析とは

　３Ｃ分析は、日本を代表する経営コンサルタント、**大前研一**氏によって提唱されたフレームワークです。

　大前氏は、マサチューセッツ工科大学博士課程を修了し、日立製作所を経て、アメリカの２大経営コンサルティング会社の１つであるマッキンゼー・アンド・カンパニーに入社した人物です。マッキンゼー所属時の1982年に出版された *The Mind of the Strategist*（邦訳『ストラテジックマインド』（プレジデント社、1984））にて、「戦略的三角関係」として提唱されました。

　３Ｃ分析は最も基本的なマーケティングのフレームワークとして、広く用いられています。中小企業診断士の実務補習においても、必ず行われる分析手法の１つです。

　３Ｃ分析における３Ｃとは、顧客（**C**ustomer）、競合（**C**ompetitor）、自社（**C**ompany）の頭文字です。

　３Ｃ分析がフレームワークの基本とされるのも、これらビジネスにおける最重要要素を取り扱うからといえるでしょう。

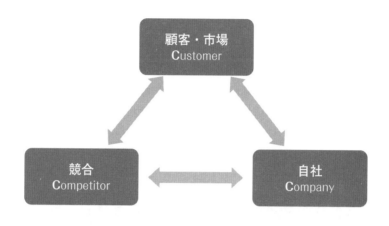

顧客・市場
Customer

競合
Competitor

自社
Company

３C分析の基本

　３C分析ではまず、**顧客・市場**の動向を調査・分析します。ニーズの変化という、いわばもっとも大きな流れを最初に理解します。

　具体的には、市場に影響を与える法律の改正、景気動向、技術革新や社会的な変化といった外部的な影響と、市場自体の環境がどのように変化しているのかを分析し、今後はどのように変化しそうなのかを予測します。自社が属する業界の動向も重要です。

　これらをもとに、顧客ニーズがどのようになっているのかを把握します。

　続いて、**競合**他社の動向を調査します。競合の市場での実績や行動パターンなどを分析します。

最後に、**自社**を掘り下げていきます。今後の市場の変化やニーズの変化を見越して、自社の経営資源をどのように活用するのかを検討します。

　最後の自社の分析を行ったら、また顧客・市場の動向に戻ります。このように繰り返して分析を重ねることで、市場における顧客・市場、競合、自社それぞれの分析の精度を高めます。

３Ｃ分析の例：ある街のこだわりカフェ

顧客・市場（Customer）

　2015年ごろから、安定して外食産業の市場規模が拡大し、2019年の市場規模は26兆円を超えた。しかし、コロナ禍により外食需要が激減。2021年の市場規模は約17兆円となった。コロナ禍の終了とともに回復傾向にあるものの、３年間というコロナ禍を経て消費行動の変化が定着。コロナ前の規模までの回復は見込まれない。

　好みの多様化により、客層により求められる商品の特徴も多様化した。SNS上で写真写りの良い（いわゆる「インスタ映え」する）商品の価値が高まった。

競合（Competitor）

　スターバックスやドトールといった大手チェーン以外にも、さまざまなコーヒーチェーン店が席巻。またコンビニも近年、コーヒーに力を入れている。近隣の

小さなカフェの中には、これらに対抗できず、廃業するところも出てきた。ランチなど提供品数を増やすことで差別化しているカフェもある。ファーストフード店なども、間接的なライバル企業である。

自社（Company）

近隣地域では唯一の高級コーヒー店。ゆったりとした店舗空間の演出を徹底している。そのため小学生以下の入店はお断りし、店舗では物販を行わず、少し離れた場所に焙煎工場兼物販専用の店舗を設けている。豆と味には妥協せず、酸味を活かした特徴的な味づくりにこだわる。遠方からも来店があるほど、根強いファンがいる。

この例では、市場の拡大からコロナ禍という激変が特徴的です。コロナ禍によりライバルも一様に苦戦しています。

近年のコーヒー市場は大手チェーン店が市場を席巻しており、コンビニ各社も攻勢をかける中、単に安くて便利な街のコーヒー店では生き残れません。そこで、味にこだわることで根強いファンを作るとともに、店舗での空間演出も徹底することで差別化をしています。

もともとの市場は拡大していたうえに、大手チェーン店ではやりづらい自社の強みを活かした差別化を行っています。根強いファンを作っておくことで、コロナ禍では宅飲み需要も上手にとらえ、SNSを通じた物販で収益を維持しました。

中小企業での３Ｃ分析

３Ｃ分析はもっとも基本となるフレームワークです。市場・顧客、競合、自社という、経営の大前提となるものの状況を把握できることから、現場でも頻繁に用いられます。

３Ｃ分析は本来、「顧客・市場➡競合➡自社」の順に行うものですが、実際には、なかなかその通りには行かないものです。中小企業の場合、「自社情報＞市場情報＞競合情報」という感じで、圧倒的な情報量の差があるからです。

競合の情報については、帝国データバンク等を通じて購入することもできますが、価格が高く、中小企業が活用するというのは簡単ではありません。複数の競合企業についてそれぞれ購入していては、費用負担がさらに嵩みますから、購入の場合には、調査対象をベンチマークとする会社に絞ることが多くなります。そのうえ競合企業の本当の強みというものが、帝国データバンク等を通じて得ることができるとは限りません。

中小企業は、インターネットの活用により、顧客・市場の分析と競合の分析を始めるのが定番です。とくに市場分析では、白書や各省庁が行う統計調査、RESAS、業界団体の統計調査など、公的機関や業界団体が作成した資料類が役に立ちます。Googleでキーワードを変えながら、公的機関や大手団体が作成した情報を検索することから始めます。

Twitterのトレンドや発言小町のように、消費者の声や意見が集約されているWEBメディアは、なかなか侮れません。

ただし、運営企業の意向をはじめ、様々なバイアスがかかっている等、問題がある可能性もあります。1つのアイデア、ヒント程度に考えるべきでしょう。ビッグデータを統計処理し、多数派の見解をもとに回答を作る生成AIを活用して、大まかな傾向を探るのも効果的です。

分析時には情報の精度に注意

　インターネットによる情報収集は非常に便利ですが、その情報の精査に注意が必要です。なぜなら、情報には1次情報、2次情報、3次情報があり、インターネット上の情報は、そのほとんどが3次情報であるからです。

　1次情報とは、自分が情報源である情報です。「自分が体験した」「インタビューで集めた」といった情報です。直接得た非常に有効な情報であり、その収集には手間がかかっています。中小企業にとっては、たとえば自社の顧客の購買情報や、顧客へのヒアリングの結果等が1次情報にあたります。

　2次情報とは、1次情報の取得者から伝聞した情報、もしくは1次情報をもとに作成された情報です。自ら収集する必要がない反面、情報に偏りや誤りが含まれているおそれもあります。前述の白書、各省庁の統計調査、RESAS、業界団体の統計調査などは、2次情報の中でも信頼度の高い情報です。

　3次情報とは、情報源がわからない情報です。声が大きい人、影響力がある人が、さも当然のように発言することで、

多くの人を誤解させることがあります。インフルエンサーや
ニュース、新聞の伝える情報が、常に正しいとは限りませ
ん。同様に、生成AIは便利なツールではありますが、一般
的に3次情報を統計処理して回答を構築する仕組みとなって
おり、回答が正しい保証がありません。3次情報をもとに3
Ｃ分析を行う場合は、とくに情報の精査が欠かせません。

顧問先を３Ｃ分析する

　社労士が顧問先の経営者とお話をするにあたっても、3Ｃ
分析の視点が役立ちます。あらかじめ訪問先について大まか
な3Ｃ分析を行うだけでも、会社の動向等をざっくり把握で
き、経営者の経営方針等についての理解が深まります。自ず
と話もはずむことでしょう。

5F分析とは

　5F分析は、競争戦略（**第1章第3節**）の**マイケル・ポーター**が提唱したフレームワークです。

　5F分析では、自社を取り巻く5つの力（Force）について考えます。5つの力を分析することで、自社が参入する・

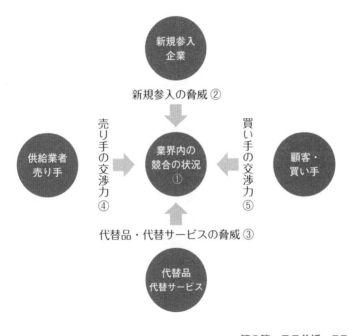

参入している市場の業界構造を理解します。業界構造を把握することで、自社にかかわる力関係の中から改善できるところを見つけ、収益性を高めることが目的です。

5 F（5つの力）とは、①**業界内の競合の状況**、②**新規参入の脅威**、③**代替品・代替サービスの脅威**、④**売り手の交渉力**、⑤**買い手の交渉力**という5つの競争要因です。これら競争要因の強弱によって、業界の収益性が決まると考えます。

5つの力が非常に弱いならば、そこは業界の収益力が高く魅力的な市場です。しかし、法律や特許で守られている市場以外では、新規参入等が相次ぎ、5つの力は強くなる傾向にあります。

5つの競争要因は、次のようになっています。

業界内の競合の状況（①）

自社が存在する業界内での、競争の状況を考えます。

業界内の寡占化が進んでいれば、競争は穏やかになります。企業規模に大きな違いがあり、力関係がはっきりしている場合なども、競争が減る傾向にあります。

逆に、同程度の規模の企業が多数参入している場合には、競争が激しくなります。また、設備投資のような固定費の多い業界の場合、初期投資の回収の必要性が高く、競争が激しくなります。業界全体の競争環境とともに、自社の市場でのポジションから市場内でどの程度の競争力があるのかも、合わせて検討します。

新規参入の脅威（②）

　業界に新しい企業が参入すると、競争先が増え、競争が激しくなります。そのため、新規参入が容易な業界ほど、競争が激化しやすくなります。競争が激化する市場では、価格競争が進みやすく、収益性が低下します。

　新規参入を抑えるためには、参入障壁を高くすることが効果的です。参入障壁とは、業界に新規参入しづらくなる要因のことで、法律・資格・制度などが典型例です。また、多額の設備投資や資金が必要な場合、流通の確保が困難な場合、差別化しづらい場合、規模の経済（本章**第3節**）等のコスト面での不利が生じる場合なども、参入障壁が高い状態といえます。

代替品・代替サービスの脅威（③）

　代替品とは、業界と同一の商品・サービスではないが、顧客ニーズを満たす業界外の商品・サービスです。代替品が顧客ニーズを満たすようになると、他の業界の商品・サービスが業界内に流れ込んできます。

　このような場合、代替品は既存製品と比べて価格が安いことが多く、市場に大きな影響を与える場合があります。たとえば、携帯ゲーム機やデジタルカメラの市場は、スマートフォンの登場で大きく変わりました。

売り手の交渉力（④）

　「売り手の交渉力が強い」とは、原材料などの仕入相手や、流通業者側に交渉力がある状況を指します。たとえば、鉱物資源や水産物、農産物といった自然由来のものや、特許があるものなど、希少性が高いものを売買するとき、売り手の交渉力が強くなります。原材料費等が高くなるため、収益力が低下します。

　また、天候や社会情勢によって、大きな影響を受けることもあります。

買い手の交渉力（⑤）

　「買い手」とは、自社の商品・サービスを購入してくれる顧客です。製造業であれば、卸売業者なども該当します。

　取引先に市場への大きな影響力がある場合や、自社の商品が差別化できていない場合などに、買い手の交渉力が増します。

　中小企業特有の環境において、取引先が1社～数社の場合、1社あたりへの依存度が高く、買い手の言いなりにならざるを得ないことがあります。

５Ｆ分析の例：社労士

　一例として、いま社労士を取り巻く５Ｆを分析してみましょう。

業界内の競合の状況

　顧客となる中小企業が10年で約30％減少している一方、新規登録者数は20％増えており、社労士１人あたりの顧客数は減少している。数人の事務所が大多数で、明確な力関係もないため、競争は激化している。

新規参入の脅威

　資格業であり、一定の参入障壁はあるものの、登録者数は令和３年時点で4.4万人。過去10年で見ると20％増加しており、市場規模に対して新規参入者が多い。ただし、受験者数は近年4万人程度で推移しており、10年間の変化で見るとほぼ横ばい傾向にある。

代替品・代替サービスの脅威

　クラウドソフト等の台頭により、申告手続・給与計算等の定型業務が電子化・自動化されつつある。さらにAIによる市場への大きなインパクトが予想され、将来的には定型業務が失われる可能性が高い。

売り手の交渉力

　システム等の売り込みはあるものの、基本的に仕入れ等がなく、売り手の交渉力は低い

買い手の交渉力

　インターネットを通じて多くの社労士を探すことが可能となり、従来と比べて顧問社労士の切替えや価格交渉が容易になった。今後は代替ソフト等との兼合いもあり、買い手の交渉力が増す可能性が高い。

ご存知のように社労士業界は近年、働き方改革に伴う労務管理の見直しや、コロナ禍による雇用調整助成金といった業務拡大があり、市場の縮小や新規参入の脅威が顕在化していません。しかし、５Ｆ分析からは、将来的なリスクが高いことがうかがえます。とくに、代替品・代替サービスの成長・参入度合いによっては、市場が激変するリスクもあるといえるでしょう。

　買い手の交渉力をプラス要因ととらえ、代替品・代替サービスの脅威を受けない付加価値業務で、業界内での競争を避ける戦略が必要です。

５Ｆ分析は中小企業でどのように使われるか

　あらためて５Ｆ分析は、会社の収益性を妨げている競争要因を考えるフレームワークです。収益性を妨げる競争要因とは、ライバルとの価格競争だけではないということです。

　５Ｆ分析により自社を取り巻く環境を分析して、５つの要因に優先順位をつけて取り組んでいくことで、収益性は改善されます。

　筆者が多くの中小企業を分析したところでは、業種・業界により差異はありますが、中小企業を取り巻く５つの力には次のようなパターンが見られました。

業界内の競合の状況

　　業界内の大手の動向に左右され、ライバル企業と自社の明確な差別化はできていない。価格競争が激しく利益率が低い。

新規参入の脅威

　　参入障壁が低く、常に脅威にさらされている。市場の価値が高くなると大手・中堅企業が参入し、値崩れする。

代替品・代替サービスの脅威

　　日常的に、代替品・代替サービスへの調査・検討は行われていない。大手が資本を活用して開発する代替品・代替サービスは、圧倒的な脅威。

売り手の交渉力

　　取引量が少なく、仕入れに関して価格交渉が困難。売り手の交渉力が非常に強い。

買い手の交渉力

　　Ｂto Ｂ型の業種では元請け－下請け構造が強く、取引先が１社から数社しかない場合が多い。元請けへの価格交渉ができず、値下げ圧力に対抗できない。

　　Ｂto Ｃ型の業種では明確な差別化ができておらず、価格競争となることが多い。

中小企業の５Ｆ分析を行った場合、多くの場合、以上のような分析が含まれるものです。５つの要因すべてで不利な状況となり、収益力が低くなっています。

　収益性を改善するには、優先順位をつけ、戦略的に５つの要因に対応する必要があります。中長期的な視点から、差別化できる商品・サービスの開発と、取引先の拡大が、とるべき基本的な戦略となります。

　差別化された商品・サービスを持っているならば、業界内で独自のポジションを確立し、競争を緩和することができるでしょう。とくに差別化商品・サービスに大手が参入するうまみが少ない場合、新規参入、代替品の脅威から間接的に守られます。差別化された商品・サービスには価値が高く、買い手の交渉力にも一定の効果が表れます。

　取引先が少ない状態はリスクが高いため、長期的な視点からは取引先の拡大が必要ですが、その際にも差別化された商品・サービスの活用が効果的です。

とるべき戦略と効果までの期間

　業界内での競争を避けるための戦略には、短期的に効果が出るものもあれば、中・長期的に取り組む必要があるものもあります。

　目玉商品や利便性などを顧客ニーズに合わせて差別化する戦略は、成功すれば比較的短期間で効果が出ます。

　このような差別化を、顧客にわかりやすく伝えることで、ブランド力を高める戦略もあります。ブランドは成功したと

きの影響力こそ大きいですが、即効性はなく、中・長期的な取組みが必要です。

　建設業・製造業等の下請け業では、脱下請けを目指すという戦略があります。これは、「買い手の交渉力」に優先順位を置いた戦略です。成功したときの効果は大きいですが、多大な時間がかかる長期的な戦略となります。

　会社を取り巻く環境は様々です。5つの要因を考えたうえで、手を付けやすいところはどこか、大きな影響を与えているところはどこかなど、優先順位をつけて、戦略的に対応するとよいでしょう。

　本節では、SWOT分析とクロスSWOT分析という、2つの経営分析手法を取り上げます。まずSWOT分析で現状分析を行い、続いてクロスSWOT分析で今後の経営戦略を立案するものです。

　SWOT分析は、1960年代にアメリカのスタンフォード大学の**アルバート・ハンフリー**教授によってフォーチュン500企業のデータを使用して構築された手法とも、同時期のマサチューセッツ工科大学の**ヘンリー・ミンツバーグ**による発案ともいわれています。その後、ハーバード・ビジネス・スクールのケネス・R・アンドルーズらによって書かれた*Business Policy : Text and Cases*（1965）により、一般に広く普及しました。

　ヘンリー・ミンツバーグは、実務に重きを置いた経営学者であり、2014年には世界最大の経営戦略学会ストラテジック・マネジメント・ソサイエティーから「最もビジネスの実践に貢献する学者」として賞を受けています。その著書『MBAが会社を滅ぼす』（日経BP、2006）は、経営学的な知識ばかりに偏重して頭でっかちになっては意味がないとして、現場・現実に即し実践に重きを置くことの重要性を説いています。

その意味で SWOT 分析は、非常に実践的なフレームワークであることに特徴があります。現状分析を行うとき、必ず使われるといっても過言ではないでしょう。

SWOT 分析とは

SWOT分析では、強み（**S**trength）、弱み（**W**eakness）、機会（**O**pportunity）、脅威（**T**hreat）の4つの視点（要因）から、会社の分析を行います。SWOTは4要因の頭文字をつなげたものです。

そのフレームワークは、次のとおりです。

	プラス要因	マイナス要因
内部要因	強み Strength	弱み Weakness
外部要因	機会 Opportunity	脅威 Threat

まず、会社を取り巻くすべての要因を洗い出し、**内部要因**と**外部要因**に分けます。内部要因とは、会社が持っている経営資源であり、外部要因とは、会社を取り巻く外部環境です。内部要因のうちプラス要因を**強み**、マイナス要因を**弱み**に分類します。同じく、外部要因のうちプラス要因を**機会**、マイナス要因を**脅威**に分類します。こうして、会社を取り巻く要因を分類することで、会社の現状を漏れなく、ダブリなく拾い出すことができます。

SWOT分析の例：開業後50年の産婦人科

SWOT分析の例として、ある開業後50年の産婦人科を考えます。

現在、院長は2代目ですが、高齢化のため3代目に事業を承継したいと考えています。経験や実績が高く、地域での知名度も高いですが、反面、建物の老朽化やプロモーション力が低い等の問題があります。顧客ニーズが多様化しており、新型コロナウイルスにより環境も大きく変化しました。

このような点を踏まえ分析をした結果は、次の通りです。

Strength

開院 50 年の実績
経験豊富なスタッフ
地域での高い知名度
同業者・有名人の利用者が多い
病室・内装・食事のクオリティ
大病院とのネットワーク

Weakness

院長・スタッフの高齢化
後継者育成ができていない
広告宣伝力が低く、HP も古い
3 期連続で減収・減益
コスト意識が低い
病床稼働率が低い

Opportunity

無痛分娩ニーズの高まり
カード決済ニーズの高まり
BCP 策定の重要性の高まり
SNS 等情報発信ツールの多様化

Threat

出生数の減少
　晩婚化
　少子化
感染症（コロナ含む）
　医療環境への不安
　収入の低下

　顧問先をSWOT分析するにあたっては、インターネットで市場分析や同業者分析を行いつつ、経営者にヒアリングもして要因を洗い出し、まとめていきます。より詳細な情報が欲しいという場合には、情報の購入も必要となるかもしれません。

　コツとしては、4要因を列挙する際、端的な言葉にまとめたほうが、一目でわかりやすくなります。

クロスSWOT分析とは

　SWOT分析からさらに一歩進んで、未来の経営戦略を考えるのが**クロスSWOT分析**です。クロスSWOT分析では、SWOT分析の情報を活用し、未来の経営戦略を考えることができます。

　クロスSWOT分析は、SWOT分析で抽出した、強み・弱みを、機会・脅威と掛け合わせることで、未来の戦略を考えていくフレームワークです。

　強み、弱み、機会、脅威を掛け合わせた、それぞれの要素の特徴は次の通りです。

	強み	弱み
機会	強み×機会	弱み×機会
脅威	強み×脅威	弱み×脅威

強み×機会

　会社にとって外部的な環境に訪れたチャンスに対して、会社の得意分野を最大限に活かして、何ができるかを考えます。市場のシェアの拡大、売上UP・利益UPを目指していきます。4つの戦略のうち、最も積極的な戦略になります。

強み×脅威

　会社にとって外部的な環境で現れたピンチに対し、会社の得意分野を活かして、どうやって乗り越えるのかを考えます。その過程で、ピンチをチャンスに変えられないかも考えます。

弱み×機会

　会社にとって外部的な環境に訪れたチャンスを活かして、会社の弱点を克服する戦略を考えます。せっかくのチャンスを逃さないためにはどうするかが重要です。

弱み×脅威

　自社の苦手分野にさらに脅威が重なることで、最悪の状態とならないよう、窮地を脱するための方法を考えます。場合によっては、その分野から撤退することも視野に入るでしょう。外部の専門家を活用することで、危険を回避する場合もあります。

クロスSWOT分析の例：都会の産婦人科

先ほどの産婦人科の分析結果をもとに、クロスSWOT分析を行った例が、以下です。

強み×機会
同業者・有名人
×
SNS
実績があり、同業者や有名人の利用が多いことを多様なツールで宣伝。

弱み×機会
3代目×無痛分娩×病床稼働率
高齢化を機に3代目へ事業承継し、無痛分娩を積極的に導入。最終的に無痛分娩100%、病床稼働率90%超を目指す。

強み×脅威
実績・スタッフ・知名度
×
感染症不安
実績・知名度で感染症不安への対応をアピール。

弱み×脅威
広告宣伝が弱い
×
出生数減少
外部専門家と連携し、プロモーション力を強化。集客につなげる（外注の活用）。

この病院には「同業者・有名人の利用が多い」という独自の強みがあります。この強みをSNS等の様々な発信ツールに乗せて効率よくプロモーションにつなげることで、集客を拡大します。ただし、広告宣伝力が低いという弱みもあります。この点は、外部専門家を活用することで対応します。付加価値の高い情報を外部発信することで、効果的な集客につなげ、出生数減少という脅威にも対応します。

この病院には、収益性を考えるうえで重要な要素の1つである、病床稼働率が低いという弱みがあります。この弱みを克服するため、無痛分娩へのニーズが高まっていることを利用します。事業承継を行うタイミングでもあるため、若い3代目が中心となって出産を無痛分娩にシフトします。無痛分娩は出産日を調整できるため、病床を効率的に使うことができます。

　外部要因でもあるコロナ禍による医療不安に対しては、これまでの実績やスタッフの経験を前面に押し出すことで、安心・安全をアピールしていきます。

　このようにクロスSWOT分析は、SWOT分析による分析結果をもとに、未来の戦略立案を行うフレームワークです。自社の強み・弱み、外部要因による機会・脅威に合わせた戦略立案を行うことができます。

分析要因を考えるにあたって

　SWOT分析を行う際にありがちなのが、そもそもフレームワークのマスが埋まらないということです。日常的な業務に忙殺されているなか、慣れない現状分析を試みても、なかなか適切な言葉が出てこないもの。とはいえ経営戦略の立案は、経営者にとって一番重要な仕事です。時間と場所を確保し、気持ちを切り替え、余裕をもって分析に臨みたいところです。

　また、思いついた要因の仮説が、強み・弱み・機会・脅威

という４つのフレームのどこに該当するのかがわからないため、その先の議論になかなか進まないことがあります。

　実際にやってみるとわかりますが、強みと弱み、機会と脅威はそれぞれ、実は１つの事柄の両側面にすぎないことが多いです。たとえば「店舗が人通りの悪いところにある」であれば弱みかもしれませんが、「店舗が閑静な場所にある」であれば強みになりそうです。強みと弱み、機会と脅威のどちらに分類するかは、分析者によって変わり得るものなのです。

　そのため筆者は、このように要因の分類で立ち止まってしまう人に対しては、次のようにまずは内部要因と外部要因の２つだけで分析するようおすすめしています。

　この場合、内部要因は「会社の努力で何とかなること」、外部要因は「会社の努力でどうにもならないこと」として、考えてもらいます。

内部要因	強み　と　弱み （会社の努力で何とかなること）

外部要因	機会　と　脅威 （会社の努力でどうにもならないこと）

たとえば、「店舗が人通りの悪いところにある」というのは、内部要因です。会社が費用をかけることで、店舗を移転することもできるからです。ただし、法律等の規制により、お金にかかわらず移転ができないという場合、これは外部要因になります。

　分析要因を考えるにあたっては、大き目の付箋を用意して、各要因と思われる仮説１つにつき、付箋１枚に書きとめる方法がおすすめです。付箋であれば、強みから弱み、脅威から機会へ、楽に移動することができます。
　付箋にて内部要因と外部要因の項目にどんどん貼り付けた後、「たぶん強み」「たぶん弱み」、「たぶん機会」「たぶん脅

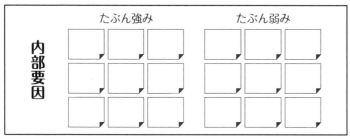

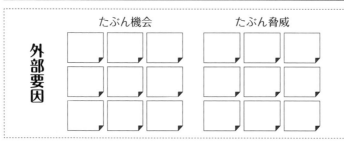

威」という感じで付箋をそれぞれ左右にまとめていけば、自然とフレームワークが完成します。

分析結果をもとに PDCA サイクルをまわす

　無事、SWOT分析によってしっかり現状分析ができたら、それを踏まえクロスSWOT分析によって戦略を立案します。

　他の戦略立案でも同様ですが、このとき、戦略を作り込もうとしないほうが、得てしてうまくいきます。戦略は思った通りに成功するとは限りません。最初から作り込まず、短期間で戦略を立て、なるべく早く実行に移り、実行の中で戦略の軌道修正をしたほうが効果的なことが多いです。

　クロスSWOT分析を使って戦略を策定する場合も、マイルストーンとなる数値目標は必ず立て、PDCAによる検証、改善を繰り返すことで、より良い戦略となっていきます。

第4節　PEST分析

経営学とコトラー

PEST分析は、「マーケティングの神様」と評される経営学者フィリップ・コトラーによって提唱された、外部環境を分析する手法です。

フィリップ・コトラーは、マサチューセッツ工科大学で経済学の博士号を取得後、ノースウェスタン大学のケロッグ経営大学院にて教授に就任した人物です。学術誌に多数の論文を寄稿し、日本でも多くの著書が翻訳・出版され、現在でも広く読まれています。そのため、経営者やコンサルタントでなくとも、名前は聞いたことがあるという人も多いことでしょう。

本節のPEST分析以外にも、STP分析（本章**第5節**）ほか数々の理論を提唱するなど、マーケティングを語るにあたっては欠かせない人物です。

PEST 分析とは

さて、PEST分析とは、市場を取り巻く外部環境を、**P**olitics（政治）、**E**conomy（経済）、**S**ociety（社会）、**T**echnology（技術）の4つの視点から分析するものです。

PEST分析で取り上げられるこれら4要因は、様々な要因の中でも、市場に対する影響がとくに大きなものです。

P：Politics（政治）

　法律や法規制、政策の影響、補助金・助成金といった要因です。

　許認可が必要な業種や、新規参入に規制がある場合には、すぐに参入できません。極端な例では、かつて塩、たばこ、電話、鉄道は国有事業とされていましたし、電力は近年まで自由化されていませんでした。

　また2020年に発生した新型コロナウイルスに対する政策として、様々な補助金や助成金が新設されたり、政策的なキャンペーンなどが行われたりしました。これらも市場に大きな影響を与えたことから、Politicsに該当するといえます。

E：Economy（経済）

　景気や物価、消費動向のほか、為替などの要因です。新興国の経済成長も大きな影響を与えます。

　たとえば近年、中国経済の急成長により、中国人観光客のインバウンド消費をどのように確保するかが、電化製品や化粧品等を取り扱う小売店などで大きなテーマとなりました。

S：Society（社会）

　人口動態や流行、ライフスタイル、宗教、教育、治安などの要因です。わが国であれば、少子高齢化が典

型例です。オリンピックのような世界的イベントも Society に含まれます。

　そしてなにより、2020年の新型コロナウイルス感染症の蔓延があります。コロナ禍による社会全体の意識・行動の変化や、いわゆるニューノーマルの定着は、無視できない社会的要因です。

T：Technology（技術）

　IT技術の発展やインフラ、新技術の開発といった要因です。特許も Technology に含まれます。

　Technology の変化は、外部要因として非常に大きな影響を与えます。たとえば iPhone の登場は、携帯電話市場だけでなく、デジタルカメラ市場や音楽プレイヤー市場などにも大打撃を与えました。

　最近話題のAIも、様々な職業が消滅するといわれるなど、大転換期の要因となり得ます。

　PEST分析はこのように、市場に大きな影響を与える4つの要因について、漏れなく考えるためのフレームワークです。

　PEST分析をするときのポイントは、直近の状況はもちろんのこと、中長期的な視点も踏まえて行うことです。外部環境の変化は、短期的に訪れるとは限らないからです。たとえば、Technology の例として挙げたAIも、その概念が登場してから、実際に ChatGPT や NOTION AI といったサービスの一般リリースまで、半世紀以上かかりました。

PEST 分析の例：学習塾

　一例として、学習塾について簡単なPEST分析を行いました。

P **Politics（政治）**
IT人材育成のためプログラミング教育が小学校・中学校で必修化となった。家庭内での教育が難しい分野であることから、外部専門家を活用した教育が拡大する可能性が高い。

E **Economy（経済）**
近年は家庭の可処分所得が増加傾向にあったが、コロナ禍の影響で急激に低下した。世界的なインフレや中国経済の失速などもあり、急激な回復は見込めない。

S **Society（社会）**
出生率・出生数ともに減少し続けており、少子化が進んでいる。コロナ禍の影響を受け、ますます少子化は加速しており、短期・中期・長期にわたって顧客対象となる子供の総数は減少する。

T **Technology（技術）**
教育サイトやアプリ等、インターネットを通じた教育環境が拡充。コロナを通じてオンライン学習が増加した。今後はAIに関する教育も、期待される可能性が高い。

　プログラミング教育という新しい教育分野が増えるというプラスの要因がありますが、家庭の経済力の低下、顧客数の減少、技術による他者参入と、多くの問題も抱えています。このような外部要因は市場に影響を与える大きな流れですが、企業努力で流れを変えることなどできません。戦略の検

討が求められるところです。

現場での PEST 分析の使い方

　PEST分析は、外部要因を把握し、今後の市場を取り巻く環境を予想する分析手法であり、戦略立案には欠かせません。

　筆者が推奨するのが、SWOT分析（本章**第3章**）の補足として、PEST分析を活用することです。SWOT分析では、会社の機会と脅威を外部要因として分析しますが、この外部要因を考えるにあたり、影響力の大きいP・E・S・Tから考えることで、重要な要素の漏れがなくなるので、おすすめです。

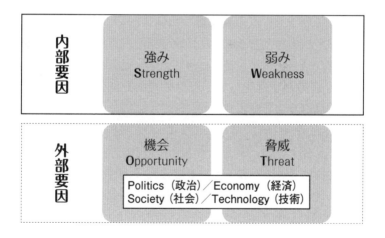

第2章　代表的なフレームワーク

第5節　STP分析

コトラーの R-STP-MM

　STP分析はPEST分析（本章**第4節**）で登場した**フィリップ・コトラー**が提唱した"R-STP-MM"というマーケティング手順の一部です。

　RはResearch、つまり調査です。具体的には情報収集や市場調査などです。R（調査）後のSTPでは、調査した情報をもとに、対象となる顧客の選定等を行います。STPを行った後に、商品・サービスについて考えるのがMMです。本節ではSTPを、次の**第6節**ではMMを取り上げます。

　STP分析の考え方は、経営の原理原則といえます。**第1章第3節**の通り、中小企業にとって差別化戦略が基本となりますが、この差別化をしていくうえでの原則的な考え方が、STPには詰まっています。

　さて、STPとは、**S**egmentation（市場を細かく分ける）、**T**argeting（対象となる市場を絞る）、**P**ositioning（自社のポジションを決定する）という一連の流れの頭文字です。個々を詳しくみていきます。

S：Segmentation（市場を細かく分ける）

セグメンテーションでは、商売を行う市場を細かく分けます。様々な要素で市場を分けることで、似た種類の客層ごとにグループを作ることができます。

要素で分割するにあたっては、一般的に次の4つの基準が使われます。

① **人口統計的な基準**

年齢、性別、職業、収入、家族構成、学歴等の社会経済的な基準です。たとえば「30代の男性で既婚・子供なし」「80代の女性で死別」のように分類されます。

② **地理的な基準**

国、県、市、人口密度、天気、公共交通機関の状況、文化等の地域に基づく基準です。たとえば「鉄道網の発達している都心だが、駅から徒歩20分以上離れた場所」「人口40万人程度の地方都市。公共交通機関は少なく、移動は原則、自家用車」のように分類されます。

③ **心理的な基準**

価値観、性格、信念、宗教、動機、ライフスタイル等の各人の考え方や感じ方を表す基準です。たとえば「非常に几帳面な性格でモノトーンが好き」「熱心な仏教徒で毎年の八十八箇所巡りは欠かさない」のように分類されます。

　購買回数、購買頻度、購買状況、購入経路、製品知識、使用状況等の各人の行動履歴などを表す基準です。たとえば「6年に1回、車を買い替えている」「洋服は従来の類似商品をネットで購入する」のように分類されます。

　このように、様々な要素で市場を分割しグループ分けすることができます。

　多くの中小企業は、日本人全員を対象とする市場でビジネスを展開しているわけではありませんから、自社が想定する顧客を絞り込むことが有効です。

　とはいえ、根拠もなくやみくもに絞り込んでいては、商品・サービスが売れるかどうかが賭けになってしまいます。

　セグメンテーションの目的は、市場を様々な方法で分割することで、ある特定のニーズのグループを作ることにあります。もし、自社の商品・サービスが最もニーズを満たすグループであれば、圧倒的に優位な立場で商売を行うことができるでしょう。

　セグメンテーションにおいて、昔はF1層とかM3層というように、人口統計的な基準が使われていました。FとはFemaleの頭文字で、女性を表します（同様にMは男性）。1は20歳～34歳、2は35歳～49歳、3は50歳以上です。すなわち、F1層であれば20歳から34歳の女性、M3層であれば50

歳以上の男性になります。

　しかし近年では、価値観や好みが多様化したことで、人口統計的な基準だけで細分化したグループが、必ずしも同じようなニーズを持つグループにはならなくなりました。そのため、心理的な基準や行動記録に関する基準を踏まえるなど、複数の基準を組み合わせて分割することが一般的になっています。

T：Targeting（対象となる市場を絞る）

　ターゲッティングでは、セグメンテーションで分割したグループの中から、自社が対象とするターゲットを選定します。

　選定においては、自社の商品・サービスの強みを活かすことができたり、自社の商品やサービスが顧客ニーズにマッチする対象を選びます。また、競合がいない、もしくは少ないことも重要です。

　とはいえ、競合がいない市場を探すあまり、特異すぎるグループをターゲットにしてしまうと、収益を上げるだけの顧客がいなくなってしまう場合もあります。その場合は、セグメンテーションの基準を見直すなど、ターゲットの変更が必要になります。

P：Positioning（自社のポジションを決定する）

　ポジショニングでは、ターゲッティングで選定したグループに対して、競合の商品やサービスと比較した自社のポジ

ションを決めます。

　ポジション決めのポイントは、競合と自社を比較した場合、自社が優位であることをわかりやすく打ち出すことです。次の2つのポジショニングを比較してください。

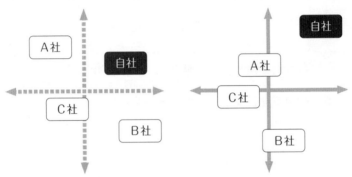

　左と右、どちらに位置するほうが、市場で自社の優位性をわかりやすく伝えることができるでしょうか。もちろん右のほうです。左の場合、自社も含めた4社の中でどの会社が優位なのか、明言ができません。縦軸で見れば自社はA社に劣り、横軸で見ればB社に劣ります。しかし、基準を変え右のようにすることができれば、自社にはA〜C社と比べ、明確な優位性があると公言できます。

　このように、ポジショニングで決定したポジションは、顧客に対して他社との違いを伝える（差別化する）ために活用します。ですから、右の図のように、違いは明確でなければなりません。

STP 分析の流れ

まとめると、セグメンテーション、ターゲティング、ポジショニングの全体の流れは、次のようになります。

S 自社がビジネスを展開する市場を細分化し、グループを作成

T 自社の強み・弱みをもとに、グループからターゲットを選定

P ターゲットに対する自社と他社との違いを明確化

STP 分析の例：とある街のネイルサロン

以下は、とある街のネイルサロンのSTP分析例です。

セグメント	ターゲット					
年齢	25歳未満	25歳〜35歳	35歳〜45歳	45歳〜55歳	55歳〜65歳	65歳以上
性別	女性			男性		
世帯年収	300万円未満	300万円〜450万円	450万円〜600万円	600万円〜750万円	750万円〜900万円	900万円以上
住所	10分圏内	30分圏内	1時間圏内	市内全域	県内全域	全国
美に対する意識	低い		普通		高い	
ファッション性	興味がない		無個性		個性的	
時間	多すぎて困る		余裕がある		忙しい	

Segmentation

年齢、性別、世帯年収、住所、美に対する意識、ファッション性、時間のセグメントで、市場を細分化。

Targeting

25歳～45歳の女性で、世帯年収が高く(750万円以上)、店舗から30分以内に住んでいる。美に対して意識が高く、ファッションでは個性を出したい。そのため、周りと全く同じファッションは好まない。働いている、もしくは子育てで忙しく、余裕のある時間は少ないため、短時間で効率的に施術してほしい。

Positioning

クライアントが満足する「独創的なデザイン」を他社よりも圧倒的に「早くて」「きれい」に仕上げる。

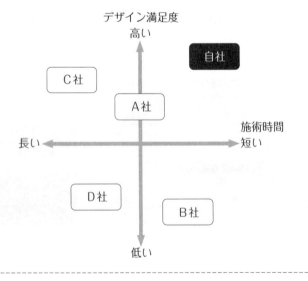

この例では、価格競争から逃れるため、セグメンテーションの段階で、世帯年収を細分化基準に入れました。さらに、キーとなる細分化基準として、「美に対する意識」「時間」を含めています。そのため、ターゲットとして、意識が高く要求されるレベルが高い半面、正しくニーズを満たしてあげることができれば、価格が他社より高くても問題ないという顧客グループが選定されました。

この顧客グループに対するポジションとして、「施術が速い」「満足度が高い」というポジションを取っています（**第6節**で引き続き解説します）。

中小企業の現場での STP 分析

STP分析は、無意識のうちに活用されているケースも含め、経営改善の現場で頻繁に使われています。市場で差別化していくにあたり、どのようなポジションをとるかが重要であるため、自ずと活用されるということです。

経営学をめぐる議論では、ポジショニングと差別化は違うという見解もありますが、筆者が現場で助言等してきた経験では、そこまで厳密な区分けをする必要はないと考えます。他社を意識し、差別化し（ポジションをとり）、顧客に効果的に訴求することが重要です。

補足すると、セグメンテーションを行う際、人口統計的な基準や地理的な基準は、国の統計調査のデータなどを活用すると精度が高く、効果的です。

たとえば、子供服を売るお店を出すとき、出店予定の地域が独身の多い地域であれば、売れ行きは期待できないかもしれません。しかし、高齢者が非常に多い地域であれば、「お孫さん向け需要」が期待できるかもしれません。

　ただし近年は、市場の好みや考えが多様化しており、人口統計的な基準や地理的な基準だけでは、効果的なグループ分けが難しい時代となってきました。そのため、そのような顧客のニーズを想定しながら、心理的な基準での細分化が重要になっています。

　セグメンテーションで細分化した結果から、ターゲットを選定し、選定したターゲットに対して、顧客に効果的に訴求できるポジショニングを検討する流れは、前述の通りです。ポジショニングを行うにあたっては、**2軸で行う手法**と、**多軸で行う手法**があります。

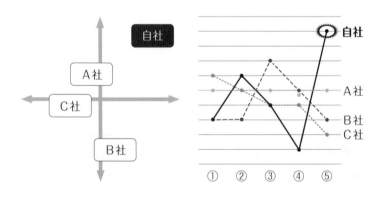

左が２軸の手法、右が多軸の手法です。

　２軸の場合には、２つの基準でポジショニングしたとき、自社の圧倒的なポジションを示すのに効果的です。先ほどのネイルサロンの例では、「施術が速い」と「満足度が高い」という２軸を基準にポジショニングしていました。

　多軸の場合は、「ここだけは負けない」という１点突破の強みのアピールに効果的です。ここでしか出せない色、できない技術など、ライバル社と圧倒的に違うところを表現します。例えるなら、たくさんの赤いバラの中にある青いバラです。前述のアサヒスーパードライのドライ感も、これに該当するかもしれません（**第１章第３節**）。

　慣れないうちは、多軸の手法を使い、優れている点を多数あげて、多くの点で他社より優れているとアピールしたくなりますが、２軸に絞ったほうが無難です。軸の数を多くするほど、本当に伝えたいことがぼやけてしまい、顧客にうまく伝わらないからです。

　実際にポジションを検討する際は、とにかくたくさんの軸の候補を出し、その中で、顧客（ニーズ）と自社の強み（商品・サービス）にマッチする軸を２つ選定するとよいでしょう。とにかくたくさんの候補を出すことがポイントです。その中から最善のものを選定するのです。最初から良い軸を作ろうとしても、なかなかうまくいきません。なお、２軸は、ニーズと商品・サービスの両方を満たす軸であることが重要です。

セグメンテーションとペルソナ

STP分析に関連する用語として、**ペルソナ**があります。近年、マーケティングにおける製品・サービスを使用するユーザー（顧客）を表すため、仮想的な人物像（＝ペルソナ。「仮面」の意）を想定する方法が用いられています。

このペルソナを提唱したのは、ソフトウェア開発者のアラン・クーパーです。クーパーは、ユーザーのインタビューをもとに、ユーザー視点でのソフトウェアの使い方を分析し設計するツールとして、ペルソナを活用しました。その著書『コンピュータは、むずかしすぎて使えない！』（翔泳社、2000）は、その手法を紹介しています。

ペルソナは、自分の商品・サービスを本当に欲してくれる人、「この人であればすぐに買う」という人を仮想的に設定し、その架空の顧客に対する商品づくりをするという手法ですが、いざ「仮想の人」といわれても、具体的にどのような人を思い浮かべればよいかわからないものです。そのため筆者は、セグメンテーションを活用することで「仮のペルソナ」を設定することを提案しています。

「仮のペルソナ」の作り方は、STP分析の過程で生まれるターゲットグループを、「とくにこの人は！」となるまで、様々な基準で細分化し続けるだけです。その際は、自社の主要顧客をイメージしながら行うと、より具体化しやすくなり、精度が上がります。

第6節 4P分析と4C分析

マーケティングミックス

　マーケティング戦略において、マーケティングの道具や手段を組み合わせることを**マーケティングミックス**（MM）といいます。ハーバード・ビジネス・スクールのニール・H・ボーデンによる論文 *The Concept of the Marketing Mix*（1964）で取り上げられた言葉です。

　このマーケティングミックスの中で代表的なものが、本節で紹介する4P分析と4C分析です。

　4P分析は、アメリカの経営学者エドモント・J・マッカーシーの著書『ベーシック・マーケティング』（東京教学社、1978。原著は1960）にて提唱されました。後にコトラー（本章**第4節**）は、この概念にさらにSTP（本章**第5節**）を加え、企業が行うべき重要な活動として、マーケティング理論を体系化しています。

　同じく**4C分析**は、1993年、広告を専門とする経営学者ロバート・F・ロータボーンによって提唱されました。

　4P分析における4Pとは、**P**roduct（製品）、**P**rice（価格）、**P**lace（流通）、**P**romotion（広告宣伝）の頭文字です。

同様に4Ｃ分析の4Ｃは、**C**ustomer Value（顧客にとっての価値）、**C**ost（費用）、**C**onvenience（利便性）、**C**ommunication（コミュニケーション）の頭文字を指しています。

4Ｐは商品・サービスを提供する側からの視点、4Ｃは顧客からの視点であり、両者は対になっています。

Product（製品）から Customer Value（顧客の価値）

4Ｐの**Product**は、商品・製品です。売り手から見たとき、機能・品質・ブランド・保証など、商品を構成するすべての要素を含みます。この商品で「顧客ニーズをどう満たすのか」「他社とどう差別化するか」が重要です。

これに対し、**Customer Value**は顧客の価値です。商品・サービスを購入した顧客がどのような価値を得られるかに視点を置いています。つまり、商品・サービスが大事なのではなく、「顧客にとってどのようなメリット、ベネフィットが得られるのか」「どのような問題が解決されるか」が重要になります。

Product視点からそのスペックやブランド等を検討することは、もちろん重要です。なおかつ、Customer Value視点から、商品・サービスによって顧客がどのような価値を得られるかを検討することは、もっと重要といえるでしょう。極論をいえば、顧客が十分に価値を得られているのならば、商品など何でもよいからです。価値観が多様化した現代

では、いかに顧客にとっての価値を満たすかが、より重要なのです。

　たとえば、Apple製品はなぜ売れるのでしょうか。Windows製品やAndroid製品と比べ、機能面では大きな違いはありません。にもかかわらず、他社より高額なApple製品が売れ続けているのは、機能以外の顧客ニーズを満たしているからに他なりません。

Price（価格）からCost（費用）

　Price（価格）の設定は、ターゲットの選定に大きくかかわります。提供しようとしている商品・サービスについて、高価格戦略をとるのか低価格戦略をとるのかは、極めて重要です。もちろん、価格設定は採算がとれなくてはいけません。

　これに対し**Cost**（費用）は、価格だけでなく、顧客が購入するためにかかる時間や、心理的な負担をも加味した概念です。たとえ良い商品・サービスでも、その入手や利用に手間暇がかかるものには、手が伸びづらくなります。

　インターネット取引が好まれるのは、様々な点でCostが低いからです。遠方のリアル店舗まで移動して購入するより、インターネットで購入したほうが、簡単で手軽です。座ったまま、世界中から商品を探し、選ぶことができます。店員等と相対しないので、キャンセルもしやすいものです。このように、購入にまつわる様々な点で、顧客にとってCostが低くなっています。

このように考えると、むしろ、顧客にとって価格はCost
の一部に過ぎないとわかります。顧客のCostを多面的に意
識した商品・サービスづくりを行うことで、高い価格設定も
可能になるでしょう。

Place（流通）から Convenience（利便性）

Place（流通）は、「どこで売るのか」「どうやって商品を
最終消費者まで届けるのか」という要素です。

　販売方法や流通経路は、価格設定やターゲット選定にも関
係してきます。陳列される小売店がデパートかスーパーか、
専門店かホームセンターかでは当然、来店する顧客に違いが
あるからです。また、商品のもつブランドやイメージにも影
響します。

Convenience（利便性）は、商品・サービスの入手しや
すさ、利用しやすさを表します。コンビニエンスストア（コ
ンビニ）はその名の通り、スーパーや薬局より割高でも、す
ぐ近隣に店舗があり、朝でも夜でも営業しているという圧倒
的なConvenienceを売りにしています。

　決済において、クレジットカードや●●payなど、現金
以外の多様な決済方法に対応することも、Convenienceの
あらわれといえるでしょう。

　予約が可能な飲食店や、食事のにおいが衣服につかない工
夫がされている飲食店は、それぞれそうではない店より
Convenienceです。多様な視点からConvenienceを検討
することが大切です。

Promotion（販売促進活動）から Communication（コミュニケーション）

Promotion（販売促進活動）の大切さは、あらためて強調するまでもないでしょう。商品・サービスは、存在を知ってもらってはじめて、購入に至ります。認知されるためにCMをするのか、口コミに頼るのか等は、商品・サービスのタイプによって大きく異なるところです。近年ではSNSが重要視されているのも周知の通りです。インフルエンサーが大きな影響力を発揮することもよくあります。

Communicationという要素が４C分析に含まれていることは、いまや販売促進活動が、売り手から買い手への一方的な広告宣伝ではなくなったことを意味しています。顧客と双方向の情報交換をすることや、マス的な顧客への情報提供だけでなく、個別の顧客への情報提供が必要になってきているということです。

４P分析・４C分析の例：あるネイルサロン

本章**第５節**で例とした、ネイルサロンの提供する商品・サービスを、４P分析・４C分析を行いながら検討していきます。

第５節でターゲットとした顧客は、「日常的に忙しく、自分だけの複雑なデザインのネイル施術を受けることができないこと」に不満がありました。そこで当サロンでは、この不満を解消する商品・サービスを提供することで、他社と差別

化します。差別化することで価格競争に巻き込まれないビジネスを行います。

Product（製品）とCustomer Value（顧客の価値）

　　サロンが提供する商品・サービスは、「短時間」×「高い技術」×「満足するデザイン」のネイル施術。顧客は当社のサービスを受けることで、好みのネイルの施術を受けることができ、幸せな気分になるというベネフィットを得ることができる。

Price（価格）とCost（費用）

　　サロンの提供するベネフィットを考え、価格は競合他社より20%高く設定する。Priceだけを見れば他社より高くなるが、施術時間を他社より30%短縮することで顧客の時間コストが大きく下がる。また、出来栄えに対して高い満足度を提供することで「速くてきれい」を演出する。結果的にPrice以上の付加価値が提供されるため、顧客の体感コストが低下する。また、PromotionとCommunicationの質を高めることで、事前に納得・安心して施術に臨める環境を作り、不安というコストを大きく下げる。

Place（流通）とConvenience（利便性）

　　店舗内でサービスを提供する。短時間の施術で質の高いネイルの施術が受けられることは、利便性の向上につながる。

Promotion（販売促進活動）とCommunication（コ

ミュニケーション)

　Promotionとして、Instagramを中心に各種オウ
ンドメディアで情報展開する。Instagramのフォロ
ワーを活かし、口コミで顧客獲得を狙う。当面は、初
回の顧客向けに広告媒体を活用した広告宣伝も行う。
またCommunication用ツールとして、LINE@を活
用する。LINEで事前に顧客とデザインの打ち合わせ
を行うことで、商品・サービスの「満足するデザイ
ン」や「短時間」にも寄与する。

現場での４Ｐ分析と４Ｃ分析

　理想としては４Ｃをすべて満たす商品・サービスを提供し
たいところですが、簡単なことではありません。４Ｃをすべ
て満たそうとすると、高品質かつ低価格で、利便性に優れ、
コミュニケーションも自由自在という、およそ非現実的な商
品・サービスになってしまいます。

　そもそも、ある商品・サービスについて、４Ｃを正確に知
ること自体、実際には困難です。なぜなら、必ずしも顧客自
身が、自分の本当のニーズを自覚しているとは限らないから
です。

　とくに中小企業は、資金力等の問題から、市場調査自体が
簡単なことではありません。

　また、中小企業では、単一の商品・サービスが売上のほと
んどを占めているという会社が少なくありません。なおか

つ、所有する資源（人材・技術も含む）は、その単一の商品・サービスを提供するための、専門性の高い資源ということがよくあります。この場合、たとえ４Cを満たす商品・サービスであっても、現在の資源が生み出せる商品・サービスから大きく逸脱してしまうと、提供が困難です。

　このような背景から筆者は、中小企業の現場に合わせた４P分析・４C分析が必要だと考えます。

　つまり、最初にテコ入れを行うにあたり、新製品ではなく、既存の主力商品・サービスを検討するということです。既存の商品・サービスの４Pを分析し、あわせて４C分析を行い、顧客の視点を踏まえつつ、商品のカスタマイズや販売促進活動等を行い４P・４Cを１つずつ改善していくのです。

　再びネイルサロンを例に挙げます。

　たとえば、顧客とのコミュニケーションがInstagramによる一方通行だけだったため、双方向性を検討しているとします。先の例の通り、高単価で複雑なデザインの顧客だったので、双方向コミュニケーションにより顧客満足度が高まり、事前に準備することによるリスク低減・施術時間削減等、様々なメリットが発生します。

　ただし、低単価のネイルサロンの場合、双方向コミュニケーションはデメリットのほうが多いかもしれません。コミュニケーションコストが価格に反映されるより、低コストを徹底して低価格を維持するほうが、効果が高い可能性があ

りより。この場合、双方向コミュニケーションの導入は行われません。

　このように、現実では４Ｐ分析をベースに、４Ｃ分析をし、その結果をもとに４Ｐ・４Ｃの改善を繰り返すことをおすすめします。資源の許す範囲ではありますが、重要なことは４Ｐ・４Ｃのうち、どの点を改善したら顧客ニーズに合致し、競合と差別化できるのかを考えることです。もちろん、関連する商品・サービスの開発などを行う場合、新しい４Ｃを仮定しながら行うこともできます。大事なことは、４Ｐだけではなく顧客の視点を意識しながら、商品・サービス開発を行うことです。

第7節　アンゾフの成長マトリックス

アンゾフの成長マトリックスとは

　イゴール・アンゾフは、ロシア生まれの応用数学者・経済学者、事業家です。アメリカ空軍によって創設されたシンクタンクであるランド研究所、ロッキード社を経て、カーネギーメロン大学産業経営大学院の教授に就任した人物です。

　本節でとりあげる「アンゾフの成長マトリックス」は、アンゾフが著書 *Corporate Strategy*（1965。邦訳『企業戦略論』（産業能率大学出版部、1985））で、4つの基本戦略からなる Product Portfolio Matrix として説明した、成長戦略のベクトルであり、多角化戦略を検討するうえでの基本的な考え方です。

　アンゾフの成長マトリックスは、会社を成長拡大させるときの手掛かりとなるフレームワークです。企業がビジネスをする戦略や領域を、製品軸と市場軸の2軸で考え、さらに各軸を既存と新規に分けます。その結果、次頁の図のような4つの象限を持つマトリックスとなります。

　4つの象限では、それぞれ戦略・戦術が違ってきます。そのため、成長拡大の方向性がどの象限にあたるのかを正しく理解することで、明らかな戦略の間違いを減らすことができ

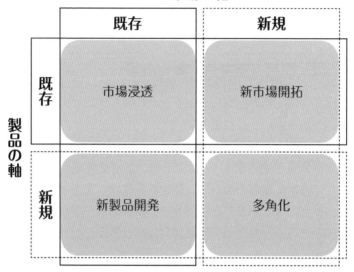

市場の軸

	既存	新規
既存	市場浸透	新市場開拓
新規	新製品開発	多角化

製品の軸

ます。以下では、各象限についてみていきます。

市場浸透（既存製品×既存市場）

　既存製品を既存市場に販売します。つまり、従来の市場にて、従来商品の売上・利益を増やす戦略です。

　この市場浸透では、商品も対象となる顧客も変わらないので、購買量を増やすことが基本戦略です。購買量の増加の手段は、市場内の新規顧客の獲得でも、既存顧客の購入量の増加でもかまいません。

　たとえば、既存顧客の購入量の増加の場合、１回あたりの購買点数が増える工夫や、購入頻度・リピート率を改善しま

す。そのため、営業マンや広告宣伝を増やしたり、セット販売、リピート値引き等といった取組みが行われます。

新製品開発（新製品×既存市場）

　既存市場に新製品を投入します。つまり、既存の顧客に新しい商品を提供する戦略です。

　既存市場を活用するのですから、それまでに培った認知度や信頼感を活用することができます。過去に既存商品を購入してくれた顧客であれば、新規開拓に比べて自社に良いイメージを持っているでしょうから、購入のハードルが下がります。そこで、類似の新商品開発や関連商品などの提供を行います。

新市場開拓（既存製品×新市場）

　既存製品を、従来は未参入であった市場に拡大して販売します。未参入市場への拡大には、地理的な拡大と、セグメントの拡大があります。

　地理的な拡大とは、販売エリアの拡大です。たとえば、隣接県に販売網を拡大する等があたります。

　一方セグメントの拡大とは、**第5節**のSTP分析でセグメント分けした顧客のうち、従来とは違うセグメントをターゲットにすることです。たとえば、女性用商品を男性向けとしても販売するような戦略です。

多角化（新製品×新市場）

まったく新しい市場に対し、新製品を開発して進出します。単純に多角化と考えた場合、市場浸透、新製品開発、新市場開拓をも含むことから、この象限を「**狭義の多角化**」ともいいます。

この象限への進出は、自社にとってノウハウのない事業への進出であり、4つの象限の中で最もリスクが高いといえます。リスクを下げるためには、自社の強みを見直し、機会を活かすことが重要です。たとえば、既存の販売網を活用して、新商品を新市場に提供する等があります。

アンゾフの成長マトリックスの例：コロナ禍における飲食店

以上を踏まえ、アンゾフの成長マトリックスをもとに、今後の成長拡大の戦略を考えます。たとえば、やりたいビジネスはどの象限に該当するのかを分析し、その象限に合った戦略をとります。

ここでは一例として、コロナ禍により来客数が減少した飲食店の戦略・戦術の例をみてみます。

店内での飲食提供は、売上の重要な要素です（**市場浸透**）。そのため、感染症対策を行うことで、来客数減少に歯止めをかけ、来店を促進し、売上げ回復に努めます。

同時に、既存の顧客をターゲットに、既存メニューを弁当としても販売します（**新製品開発**）。その際には、従来築い

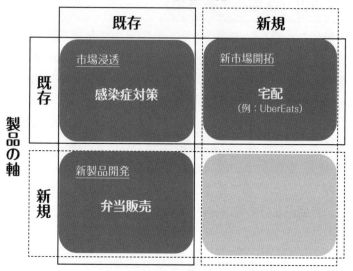

市場の軸

	既存	新規
既存	市場浸透 **感染症対策**	新市場開拓 **宅配** (例：UberEats)
新規	新製品開発 **弁当販売**	

製品の軸

た顧客ネットワークを活用して販促活動を行います。

さらに、UberEats等の宅配を活用して新規の顧客の獲得も行います（**新市場開拓**）。弁当販売は主に既存顧客が、宅配は主に新規顧客が利用することを想定しています。

現場でのアンゾフの成長マトリックスの使い方

成長拡大をするためには、経営戦略が必要です。「コロナ禍の飲食店」の例のように、まずどのような戦略・戦術を用いるのかを検討するうえで、アンゾフの成長マトリックスは役立ちます。

例でいえば、弁当販売を既存市場への投入と考えた場合、

既存の顧客とどのようなコミュニケーションを行うかを検討することになるでしょう。一方、新市場開拓と考えた場合、新規顧客獲得のための広告宣伝が必要となってきます。

　以上は本来の望ましい使い方ですが、中小企業でアンゾフの成長マトリックスを活用しようという場合、異なる使い方もあります。今後の成長拡大が、「狭義の多角化」（新製品×新市場）ではないことを確認するというものです。

　というのも、中小企業が狭義の多角化を行うとき、失敗してしまう可能性が、決して低くないからです。狭義の多角化は、従来とまったく異なるビジネスです。よく知らない市場である隣の芝生は青く見えるものですが、そこには既にその道の専門家がいるものです。既存事業で培った強みを活用する等の優位性がなければ、成功は簡単ではありません。リスクが非常に高いことから、中小企業は、狭義の多角化はとらないほうが無難とさえいえます。

　中小企業は基本的に、マトリックスの「市場浸透➡新商品開発➡新市場拡大」の順に検討を重ねるとよいでしょう。市場浸透こそもっともリスクが低く、最も低コストで収益につながる可能性が高いからです。そのうえで、市場浸透だけでは将来的に厳しい場合には、既存収益や融資・補助金で資金を確保しつつ、新商品開発・新市場拡大を行います。

　新商品開発と新市場拡大は、市場や会社の強みにより優先順位が異なる場合もありますが、一般的には、新商品開発が先になります。その理由は、集客と関係しています。

集客のコストについて、「**１：５の法則**」といわれるものがあります。既存の顧客に新商品・サービスを購入してもらうコストと、新規の顧客を獲得するコストを比較すると、後者が前者の５倍という説です。ほんとうに５倍かかるのかはさておき、既存の顧客はすでに商品・サービスを購入している実績があるため、会社は認知されており信頼があります。さらなる商品・サービスの提供ではマーケティングコストがかからず低コストで済みます。そのため、新商品開発のほうが、優先順位が高くなります。

購買心理に関する法則（**購買心理学**）は、セント・エルモ・ルイスが提唱した「AIDA の法則」に始まり、現代では様々な法則が考えられています。

本節ではその中から、とくに基本的なものを紹介します。

AIDA の法則

まず**AIDAの法則**は、消費者が商品や広告を見てから商品・サービスを買うまでの行動心理を表したものです。AIDAとは、次の４つの単語の頭文字です。

> **A**ttention：顧客の注意を引く（知ってもらう）
> **I**nterest：顧客の関心を引く
> **D**esire：商品への欲求を喚起する
> **A**ction：購買に至る

効率的に商品を販売するには、顧客が商品やサービスを購入するまでの、心理的な流れを考えることが重要です。顧客が商品に抱いている状況の違いにより、アプローチする方法も異なるためです。

第2章　代表的なフレームワーク

たとえば、関心を引くにはまず認知してもらわなければなりません。とはいえ、認知したばかりの人にいきなり売り込んでも、欲しいという気持ちになっておらず、逃げられてしまいます。アパレルや家電量販店でいきなり店員さんが近づいてくると、嫌な感じがして離れてしまうのと同じです。逆に、買い手側が欲しいと思っている段階であれば、自分から店員に声を掛けます。販売が上手な店員は、顧客の状況を観察する中で、この見極めが上手で、状況に合わせた対応をしているものです。

　AIDAをはじめとする様々な行動心理モデルを活用することで、購買プロセスが言語化できます。言語化することができれば、顧客の状況に合わせたアプローチ方法をマニュアル化し、改善することもできるでしょう。

AIDMA モデル

　AIDAの法則は、18世紀〜19世紀にかけて作られた、いわば購買モデルの古典です。その後、テレビCM等が普及し、注意や関心を引いた場所に商品がないことが一般的となりました。

　そこで、AIDAから派生したモデルが、**AIDMAモデル**です。AIDMAとは、AIDAに

Memory：記憶しておいてもらう

が追加されたものです。テレビCM以外にも、ダイレクトメールや広告チラシ等、事前に情報を提供して注意・関心を引く方法は、すべて同じプロセスといえます。

　AIDMAモデルでは、注意・関心のあった内容を、購買まで覚えておいてもらう必要があります。そのため、興味を引くキャッチコピーを使ったり、繰り返し宣伝をするなど、いかに記憶に残すかが重要になります。

AISAS モデル

　さて、インターネットが普及し、テレビCMよりインターネット広告などが訴求力を持つようになると、こんどはAIDMAモデルに代わって**AISASモデル**が登場しました。AISASは、

Attention：顧客の注意を引く（知ってもらう）
Interest：商品に顧客の関心を引く
Search：商品を検索して探す
Action：購買に至る
Share：情報を共有する

の各頭文字です。

　店舗に行くことなく、Amazonや楽天などで検索をして購入することが増えた時代の購買モデルとなっています。

SIPS モデル

　AISAS モデルまでにおいて、消費者は、原則として情報を受け取る立場でした。しかし、SNS の普及により、消費者が自ら情報発信し、市場に影響を与えるようになりました。そのような時代にあわせて登場した購買モデルが、**SIPS モデル**です。SIPS とは、

> **S**ympathize：共感する（知ってもらう）
> **I**dentify：確認する
> **P**articipate：参加する
> **S**hare & Spread：共有・拡散する

です。
　SIPS モデルにおいては、従来のように CM 等で顧客の関心を引いて欲求を引き出すのではなく、共感から購買行動が始まります。共感とは、たとえば「好きなアイドルが日常的に使っている雑貨がかわいい」と消費者が感じる心理です。この消費者は、必ずしもその雑貨が欲しいわけではありません。

　このような購買行動の変化は、商品・サービスというモノを購入するのではなく、体験や経験などコトを買うという変化でもあります。共感したユーザーは、SNS を通じて、同様に共感した人や情報の確認をします。

たとえば、アイドルの他のフォロワーがどのような反応を
しているのかなどを通じて、自分にとって満足いくものなの
かを購入前に確認することもできます。確認し納得して「参
加する」ことで、初めて購買にいたります。

　ただし、ここでの「参加する」は、購買に限定されていま
せん。たとえば、購買には至らなかったけど、「いいね！」
や「シェア」で共有・拡散をする人もいるからです。これら
によって情報が共有・拡散されることで、新たな共感が生ま
れるというプロセスが発生します。

　以上、とくに有名な４つの購買行動モデルを紹介しまし
た。AIDAから始まった消費者の購買行動モデルは、他にも
たくさんあります。今後も時代とともにどんどん増えること
でしょう。

　重要なのは、消費者が物を買う行動心理を購買モデルの形
で分解して、そのフェーズに合わせた適切なアプローチをと
れるよう、ビジネスを組み立てていくことです。

SIPSの例：インフルエンサーを活用する雑貨店

　SIPSモデルを活用した、雑貨店の事例を考えてみます。

　かわいい小物を扱っているある雑貨店が、販路を拡大する
ために、SNSを活用しようとしています。雑貨店は、ある
インフルエンサーに、雑貨を日常生活に取り入れてもらうよ
う依頼しました。インフルエンサーは依頼に応じ、その雑貨
を使った日常をSNSで発信します。インフルエンサーのフォ

ロワーたちが、その発信に共感すれば、雑貨店からの購入に至りますし、購入した雑貨をこんどは自ら発信するので、さらなる拡散が見込めます。

インフルエンサーの日常生活の写真に共感。
その中で使っている雑貨をかわいいと感じる。

インフルエンサーのフォロワーのコメントを調べる。
みんなも良い反応をしていることを確認する。

雑貨を購入。

雑貨の良さをSNSで共有・拡散。

現場と購買行動モデル

　中小企業において、購買行動モデルを活用し、自社の販売プロセスをマニュアル化することは効果が高く、筆者もおすすめしています。従来は勘や経験だけで行われていたこと

が、マニュアル化（言語化）されることで、技術として他のメンバーと共有できるようになります。言語化により、インターネットを通じた情報提供もできるようになります。

　ただし、中小企業の場合もっとも重要なのは、購買行動モデルを検討する過程で、認知の重要性を自覚することにあります。本節で触れた購買モデルにかぎらず、あらゆる購買行動に共通している問題は、商品・サービス（あるいは自社そのもの）を、「どうやって認知してもらうか」です。注意を引くにしろ、共感してもらうにしろ、まずは知ってもらわなければ始まりません。

　とくに経営者が職人気質な中小企業では、短絡的に「良いものを作れば売れる」と思っていることがよくあります。しかし現実には、日本でわずか数社しか持っていない優れた技術や、伝統工芸のように由緒ある技術が、その存在すら認知されず、埋もれているものです。とくに、現代では情報があふれかえっていますので、意識して伝えなくては埋もれる一方です。

　株式会社入曽精密のアルミのバラや0.99cmルービックキューブ、あるいは株式会社キャステムのバナナハンマーをご存知でしょうか。いずれも小規模ながら非常に特殊な技術を誇る会社と、その認知に大きく貢献した製品です。

　中小企業は、自社の強みを見直し、どのように知ってもらうのかを意識することが第一なのです。

第9節　PPM

PPMとは

　PPM（プロダクト・ポートフォリオ・マネジメント）は、1970年代に**BCG**（ボストン・コンサルティング・グループ）によって提唱されたマネジメント手法です。

　このBCGは、アメリカの２大経営コンサルティング会社の１つで、３Ｃ分析（本章**第１節**）で取り上げた大前研一氏が所属していたマッキンゼーと双璧をなす会社です。

　さて、ポートフォリオは「構成」を意味します。投資においては、資産の配分を検討するときなどに、よく登場する言葉です。

　PPMは、自社の商品・サービスの構成を管理するためのフレームワークで、およそ次のようになります。

　横軸に相対的な市場シェアを、縦軸に市場の成長率をとります。相対市場シェアは左側を高く、右側を低くしています。市場成長率は上側を高く、下側を低くしています。自社の商品・サービスについて、相対的な市場のシェアと市場の成長率をもとに、プロットしていきます。

　このとき、市場のシェアと市場の成長率によって、象限を４つに分けて考えます。それぞれ**「問題児」「花形製品」「金のなる木」「負け犬」**です。

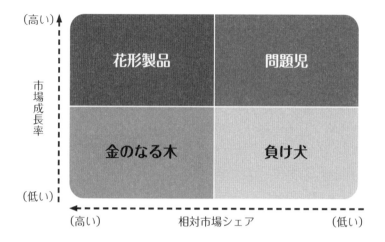

縦軸: 市場成長率 （高い）／（低い）

横軸: 相対市場シェア （高い）／（低い）

左上: 花形製品
右上: 問題児
左下: 金のなる木
右下: 負け犬

問題児（右上）

　市場シェアは低いものの、市場が成長している、もしくは今後成長見込みである商品・サービスです。

　今後の成長が見込める反面、成長には多くの投資が必要です。投資をすることでシェアを確保できれば「花形商品」となりますが、シェア獲得に失敗すれば、時間とともに「負け犬」に落ちてしまいます。他の商品・サービスとの比較や、投資対効果などを見込んだ投資判断が必要になります。

　新規に立ち上げたプロジェクトやベンチャーキャピタルの投資対象となる事業などは、ここに入ります。

花形製品（左上）

　市場のシェアも高く、市場の成長率も高い商品・サービス

です。

　シェアが大きく収益性こそ高いですが、そのシェアに見合った商品・サービスの提供や、市場拡大に合わせたシェアの維持が必要なため、設備投資や広告宣伝等、様々なコストがかかります。花形商品に入った商品・サービスは、シェアの維持・拡大を続け、将来的に「金のなる木」を目指します。万が一、シェア争いに負ければ、「負け犬」に落ち込んでしまいます。

金のなる木（左下）

　市場のシェアが高く、市場の成長が低い、もしくは止まった商品・サービスです。

　市場の成長がほとんどないことから、現在のシェアが大きく変化することはなく、また、これまでに十分な設備投資や宣伝を行っているため、さらなる高額な投資は必要ありません。今後は、資金を回収するため業務効率を改善していきます。

　「金のなる木」は収益が高くコストが低いため、多くの資金を得ることができます。しかし、今後は市場の成長が見込めないため、長期的な視点で見れば、いずれ衰退していきます。そのため、次の金のなる木を育むべく、金のなる木で得た資金を「問題児」や「花形製品」に投資することを検討すべきです。

負け犬（右下）

　市場のシェアはほとんどなく、市場の成長も止まった市場です。

　将来性がなく収益性が低いため、基本的な戦略は撤退となります。商品・サービスを廃止し、「負け犬」にかかる費用を「花形製品」「問題児」に回すべきです。

　ただし、他社の撤退が進むことで、市場規模は小さいながらも継続的に利用してくれる顧客が残る場合もあります。このような場合、相対的な市場シェアが徐々に拡大し、結果的に「金のなる木」に移行する可能性も残されています。そうなれば、収益額こそ少ないながらも、安定して収益を上げる商品・サービスとなるでしょう。

PPMのプロット方法

　PPMのプロット例は、次頁の図のようになります。

　その手順は、およそ次のような流れです。

　まず、社内の事業を、フレームワーク上に丸い図で配置（プロット）します。丸の大きさは、収益性の大きさです。

　次に、資金の流れを矢印で表します。

　この図の例の場合であれば、金のなる木にある①の商品・サービスの利益を、②と③に投資するということです。花形製品である②は、将来の金のなる木の有力候補です。まだまだ市場成長率が高いため、資金投資をすることで、より市場シェアを高めることを狙っています。

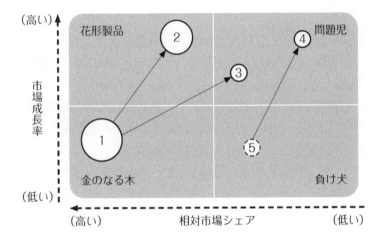

（高い）
市場成長率
（低い）

花形製品　②　　　　　　　　　　　　④　問題児
　　　　　　　　　　　　　③
　　①
金のなる木　　　　　　　　　　　　　　⑤　　負け犬

（高い）　　　　　相対市場シェア　　　　　　（低い）

　次に、負け犬である⑤の事業を撤退し、⑤に使っていた費用を問題児④に投資することとしています。⑤は将来にわたって利益を得ることが難しいと判断したかたちです。

　このように、商品・サービス構成を把握しながら、どの事業に力を入れるのかを考えていくのが有効です。

中小企業では使いづらい PPM

　一見わかりやすく効果的なPPMですが、このフレームワークをそのまま中小企業で用いることは、あまりありません。なぜなら、

❶　中小企業は、ポートフォリオ（構成）が必要なほ
　　ど、様々な事業を行っていない

ということも多いからです。

　まず❶については、シンプルです。そもそもの事業が１つしかない、あるいは非常に少ないのであれば、ポートフォリオ（構成）を検討するまでもないというものです。新商品・新サービスを開発するにあたり、主たる事業から資金を融通するしかないのであれば、構成管理という考え方は不要です。新築住宅専門会社がリフォーム業も手掛けるような場合が、これにあたるでしょう。

　次に❷です。上場企業の場合、それぞれの会社が株主向けに多くの情報（ＩＲなど）を公開していることもあり、たとえば上位３社のシェアなどを簡単に推計することができます。一方、中小企業の場合、そもそも現在の市場におけるシェアがわからない、という悩みがあるものです。

　また、大企業の場合、企業自身が市場を牽引_{けんいん}しているものですが、中小企業は、大きな市場の中のニッチな市場にて勝負していることが多いため、その市場も相対的なものとなり、市場自体の把握も困難です。たとえば、トヨタ自動車は日本の自動車市場に絶対的な影響を及ぼしますが、孫請けの製造業であれば、そもそも市場をどのようにとらえるべきかすら、明確ではありません。同様に市場の成長率の把握も困難です。

この２点の理由から、PPMは、そのままでは中小企業で活用することは難しいフレームワークなのです。では、どうすればよいのでしょうか。

中小企業に合わせて PPM をアレンジ

　筆者は、中小企業で活用する場合、ポートフォリオマネジメント（構成管理）という考え方を活かしつつ、縦軸と横軸を別の指標に変更する方法を提案しています。

　たとえば、縦軸を「売上成長率」、横軸を「粗利益率」としてみましょう。さらにプロットは事業単位ではなく、「商品・サービス」別とします。これにより、PPMをアレンジした、商品・サービス別ポートフォリオという別のフレームワークができました。

　同様に、プロットを商品・サービスから「取引先」とすれば、取引先別ポートフォリオを作ることもできます。

　このように、利益の上がりやすい「商品・サービス」や「取引先」を検討するものであれば、中小企業経営でも実践的といえるでしょう。

　商品・サービス別ポートフォリオを使って、矢印を資金の流れではなく、顧客動線にするのも有効です。

　一例を挙げると、次のようになります。

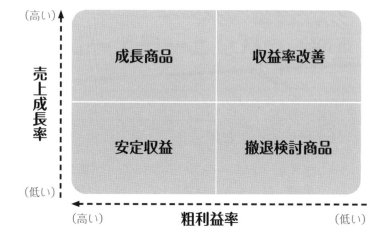

各象限の名前（「金のなる木」「負け犬」など）は、上図のように好きなように変えてもかまいません。

上図では、売上成長率が高く、粗利益率も高い商品・サービスは「成長商品」です。成長性が高く利益率も高いため将来に向けて有望ですが、成長性や利益率の高さから他社が参入する可能性もあります。

逆に、売上成長率が低く、粗利益率も低い商品・サービスは「撤退検討商品」としました。他の商品・サービスとの関連性も低く、利益も少ないのであれば、撤退を視野に入れますが、成長商品と紐づいている場合等は継続して商品・サービスを提供したほうが良さそうです。

以上のように、そのままでは中小企業経営に当てはめにくいPPMも、縦軸・横軸やプロットの定義を工夫することで、様々に活用の余地があります。

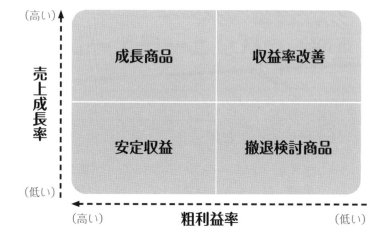

（この図の内容：縦軸「売上成長率」（高い・低い）、横軸「粗利益率」（高い・低い）の4象限。左上「成長商品」、右上「収益率改善」、左下「安定収益」、右下「撤退検討商品」）

第10節 バリューチェーン

バリューチェーンとは

　バリューチェーンは、マイケル・ポーター（**第1章第3節**）が、著書『競争優位の戦略』（ダイヤモンド社、1985）の中で提唱した言葉です。

　バリューチェーン（分析）とは、会社が商売を行うための一連の活動を価値の連鎖（チェーン）としてとらえたものです。バリューチェーンでは企業の活動は、価値を直接生み出す主活動と、それを支える支援活動に分けて考えます。

　たとえば、製造業では次のようになります。

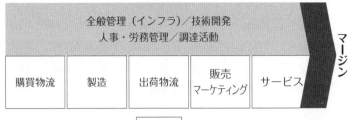

　この例では、製造業における主活動として、「購買物流」

「製造」「出荷物流」「販売・マーケティング」「サービス」の5つを挙げています。価値を製造する**主活動**では、材料を仕入れ（購買物流）、製品を造り（製造）、出荷（出荷物流）・販売（販売・マーケティング）を行い、最後にアフターサポート（サービス）を行います。この一連の流れを通じて価値を作り上げます。

　支援活動は価値を作る主活動をサポートします。経営や本社等の「全般管理」、研究等の「技術開発」、人のサポートをする「人事・労務管理」、必要物資を調達する「調達活動」です。

　このような主活動の連鎖と支援活動のサポートを通じ、最終的に会社の利益であるマージンが付加されます。

バリューチェーン分析の目的

　バリューチェーン分析の目的は、会社が価値を作り上げる一連の流れを理解しながら、

> ①　どの工程で高い価値を作り出しているか
> ②　どの工程に問題があるのか

の2つを把握し、全体的な視点で改善することにあります。

　まず①についてです。顧客がものを買う理由は人それぞれですが、なんにしろニーズにあった価値を提供しなくてはい

けません。たとえば、機械という道具のスペックにこだわる人は性能に注目します。一方、機械製品が苦手な人の場合、いくら細かい機能があっても価値がありません。むしろ、アフターサービスが丁寧であることのほうが重要です。前者では価値が「製造」で、後者では「サービス」で作り出されるものです。

バリューチェーンでは、顧客のニーズに合わせて、各工程で価値づくりを行います。これは主活動だけに限りません。たとえば、技術開発において圧倒的な付加価値を作り上げている会社の場合、支援活動で高い価値が作られていることになります。

このとき重要なのは、差別化を意識して価値を作ることです。中小企業において、あらゆる顧客を満足させる商品展開をすることなど、現実的ではありません。自社のターゲットに合わせた価値づくりが必要です。

次に②についてです。価値を作る各工程では、様々なコストがかかります。金銭、人員、時間などのコストです。コストを削減できれば、経費削減、人員の余裕、生産量の増加といった様々なメリットがあります。

このように、価値を作る工程の分析と、各工程でどの程度のコストがかかっているかの分析は、表裏一体の関係にあります。つまりバリューチェーンとは「コストチェーン」でもあるのです。

たとえば、ある製造業の場合、次のようなコストと価値の連鎖だとします。

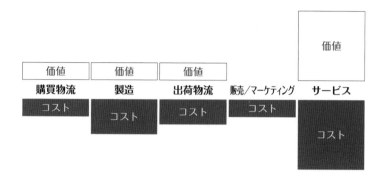

　この例では、「サービス」で非常に多くのコストがかかっています。オペレーターの数が多く、教育に力をかけているのかもしれません。しかし、この会社の価値の多くがサービスで作られており、必要不可欠なコストという可能性もあります。そのため、コストの量だけを見て、サービスのコストを下げるという判断は賢明ではありません。もちろん、やはり無駄があるのかもしれません。

　また、製造では多くのコストをかけていますが、価値がそれほど高くありません。購買物流とセットで製造を見直すことで、購買物流・製造双方のコストを下げ、価値を高めることができる可能性があります。

　このように各工程の価値・コストには、価値とコストの関係性、工程間の関係性等、様々な関係性があります。そのためバリューチェーン分析では、部分的な改善ではなく、全体的な関係性を考え改善を行うとよいでしょう。

バリューチェーンの業務への活用

バリューチェーン分析は、企業活動を部署単位等で分割し、その連鎖として分析するフレームワークです。そのため、組織構造は経営者・事務・作業員程度の大まかな区分しかなく、経営者も現場作業員を兼ねているような規模感の会社においては当てはめにくい場合もあります。

そのような場合、筆者は次の３つを意識するようすすめています。

---

① **内製化と外注化の判断基準**

景気変動に対応するため、業務の一部を外注することは、日常的に行われています。業務の外注化自体はよいのですが、このとき、どのような基準で業務を外注化しているかが重要です。

バリューチェーン分析では、顧客のニーズに対応するための価値作りを、どの工程で行うのかが重要です。もし、自社にとって重要な価値作りの工程を外注化しているとすれば、自社に知識や技術が蓄積せず、外部に流出していることとなります。バリューチェーンの主活動、支援活動を総合的にみて、価値作りに寄与していない部分から、外注化するとよいでしょう。

② **部分最適ではなく全体最適**

バリューチェーンにおいて、価値の改善は容易ではありません。そのため、実務上はコスト削減から始ま

るものです。

ただし、コストのみを強く意識して業務改善を行うと、部分最適に陥りがちです。たとえば、材料仕入のコストを下げるあまり、製造で多くのコストがかかるようになってしまっては意味がありません。価値は特定の工程だけで作られるのではなく、主活動、支援活動の全工程がかかわって作られるものです。各工程を見直すことは大事ですが、全体が効率化されるよう目を配ることがより大切です。

③　**価値とコストの関係**

価値を高めるには、コストが必要です。コストだけを意識すると、会社にとって本当に必要な価値が失われる場合があります。同様に高い価値を求めすぎれば、コストが過剰となります。

また、コストを増やすことでより価値が高まり、結果的に単位時間当たりのコストが低下する場合もあります。価値とコストの関係を意識しながら、戦略的に改善をしたいところです。

バリューを生んでいる真の人材

中小企業にとって、人の視点から行うバリューチェーン分析は重要です。中小企業（とくに零細企業）では規模が小さいため、明確な部門分けがされていない会社も多数あります。このような場合、各人が各工程を担当している等、人の

連鎖で価値が構築されていますが、真にバリューを生んでいる人が誰なのかの見極めが大事です。

　とくに会社の中には、直接生産に寄与しておらず、一見生産性が低く見えるものの、実は社内ネットワークのハブになっているようなキーマンがいることがあります。このような人が抜けてしまえば、途端に会社が機能しなくなります。キーマンを逃さないためにも、バリューチェーン分析を有効に活用してください。

会社を知る会計

　第3章では会計（アカウンティング）の基礎をお伝えします。

　会社にとって必要不可欠とされる、いわゆる「ヒト、モノ、カネ、情報」のうち、それが欠けただけで会社がつぶれるというものは、カネだけです。

　それほど会社にとって大切なお金について、もっともよく知るための手段は、財務諸表を読み解くこと、つまり会計となります。

　本書は主に社労士の方に向けたものです。社労士は労務の専門家であって会計の専門家ではないことは重々承知ですが、社労士であるからといって、お金については無縁ということでよいのでしょうか。実務では、人の問題を解決する場面で、お金がかかわってくることがあります。

　たとえば、顧問先の人事評価制度を作ろうという場合で、経営者から給与や賞与をどの水準に設定するかを相談された際、会計知識があるのとないのとでは、その回答内容や説得力に自ずと差が出ることでしょう。

　会計は、経営学を構成する下位分野の1つであるばかりでなく、会社に助言をするにあたっても大切なものです。本章では、その基本をみてみましょう。

会計（学）の必要性

　中小企業の経営者に「経営をするにあたって会計は必要ですか？」と質問したとき、「必要だと思う」という回答が多数派だと思います。しかし、「経営に会計を活用していますか？」と質問を重ねたとき、多くは「活用していない」という回答になることでしょう。

　中小企業経営にとって、会計は必要なのでしょうか。この素朴な疑問に対し、「経営の神様」として名高い**稲盛和夫**氏が提唱した「稲盛会計学」は、次のように答えています。

　　会計の数値は、飛行機のコックピットにある計器盤の数値に例えることができます。パイロットが、高度や速度、方向などを示す計器盤の数字を見ながら、飛行機を操縦するように、経営者は会計数字を見ることで会社の実態を読み取りながら、経営の舵取りを行います。

　　もし、飛行機の"計器盤"が狂っていたら、正しく飛行することができないように、会計数字がいい加減であれば、会社は誤った方向へ進んでいくことになります。

　　したがって、会計とは、企業経営において"羅針盤"

の役割を果たすものであり、「経営の中枢」です。

（稲盛和夫OFFICIAL SITE「稲盛会計学」より抜粋[1]）

　稲盛氏は、会計による定量情報は計器盤の情報であるとし、根拠にもとづき経営の舵取りを行う必要性を論じています。

　筆者も、経営における会計は必須だと、日々痛感しています。経営は、正しい答えなどない領域です。経営者の戦略や戦術が良かったのか悪かったのかは、その結果で判断するしかありません。そのような経営の現場で、ときにもっとも効果的な指標となり得るのが、会計ではないでしょうか。

　経営者が売上の数字だけを見て（原価や利益を見ず）邁進し、また従業員を鼓舞した結果、たしかに受注が増え業務量も増えたものの、実は利益は増えておらず、むしろ経営が厳しくなっていた……。このような非常に単純かつ残念な事態が、中小企業経営では往々にして起きてしまうものです。長期的に安定して経営を行うためには、現状を定量的に把握できる会計は必須です。

会計の３分野

　実務上、会計には大きく３つの分野があります。財務会

＊1　https://www.kyocera.co.jp/inamori/about/manager/
　　　accounting/

計、管理会計、税務会計です。

---

❶ 財務会計……公に会社の経営情報を説明するための
　　　　　　　会計
❷ 管理会計……自社の経営に活用するための会計
❸ 税務会計……税額を計算するための会計

　これらのうち、中小企業でもっとも多く使われる会計は、
実は**税務会計**です。納税の必要があるからです。

　多くの中小企業では、税理士に納税額の計算を依頼してい
ますが、そのような税務会計だけで満足し、それ以上の会計
上の知見を経営に活用しないのはもったいないと思えてなり
ません。**財務会計**と**管理会計**の考え方を学び実践すること
は、経営にとって非常に有用です。

財務会計と管理会計

　財務会計の目的は、「企業外部の利害関係者に報告するこ
と」（伊藤邦雄[*2]）、「投資家など企業外部の利害関係者等に
企業の業績を伝達すること」（坂本孝司[*3]）等とされていま
す。主に投資家に対する情報提供という定義です。

＊2　伊藤邦雄『新・現代会計入門』（日本経済新聞出版社、2022、
　　第5版）
＊3　坂本孝司『中小企業の財務管理入門』（中央経済社、2018、
　　第2版）

そのため、投資家等が存在しない、または企業外部の利害関係者が少ない中小企業にとってはそぐわないこともあり、財務会計は十分に用いられていません[4]。

　しかし、財務会計には「企業の経営活動の成果を映し出す鏡」（伊藤邦雄・同上）としての本質があります。つまり、企業の状況を適切に、定量的に把握するという本質です。その本質から生じた目的が、投資家に情報を提供することで、資金調達や経営協力を得ることになっているにすぎません。実際に大企業では、その経営実態を定量的に把握する第一歩としても、財務会計が用いられています（いわゆる財務諸表分析）。

　したがって、たとえ投資家等の利害関係者と縁の少ない中小企業であっても、自社の適切な状況把握という本質的な意味で、財務会計を積極的に経営に活かす（財務諸表分析を試みる）意義が十分にある、と筆者は考えます。投資家等の不在やコストといった問題からなかなか活用の機会がなく、財務会計の必要性を実感できないのは、残念なことです。

　なお、近年、国際会計基準（IFRS）の影響で、わが国の会計基準も数々の変更がなされました。この変更で、従来は管理会計の区分とされた予測計算が財務会計に多数含まれるようになったこと等により、財務会計と管理会計は非常に近づくこととなり、その厳密な線引きが実は困難になってきて

＊4　中小企業庁「平成26年度 中小企業における会計の実態調査事業報告書」（2014）

います。

　元日本管理会計学会会長の田中隆雄氏も、従来型の財務会計と管理会計の区分は意味をもたなくなってきていると指摘しています*5。

　企業において、経営判断の一助として財務諸表分析を行うことは、財務会計の情報を用いて管理会計を活用しているともいえます。経営の現場では、財務会計と管理会計が横断的になされるのが自然です。

　とくに、大企業のような広範で多様な事業を行うのではなく、得意分野に特化している中小企業においては、財務会計・管理会計上の数字が事業の状況をダイレクトに表していることも、珍しくはありません。

会計が会社にもたらす成果

　社会科学や経済学等の分野において、中小企業における会計（の重要性）について研究したものが、少ないながらも存在します。

　たとえば、2015年のある研究*6では、中小企業における管理会計能力の差により、営業利益において20倍以上の差が生じることが示されました。2015年の坂本孝司氏の研究

---

*5　田中隆雄「低くなる管理会計と財務会計の壁」、「企業会計」
　　53巻12号1668頁
*6　澤邉紀生・吉永茂・市原勇一「管理会計は財務業績を向上させ
　　るのか？：日本の中小企業における管理会計の経済的価値」、「企
　　業会計」第67巻7号1009-1023頁

（前掲・坂本孝司（初版））でも、適切な財務会計を行うことで、企業業績が大幅に向上すると示されています。

　パソコンやソフトウェアの発達により、経理情報から財務会計や管理会計をわずかなコストで行うことが可能となりました。そのため筆者は、中小企業であっても定量的な会社情報を活用した企業経営を行い、利益の上がる経営を目指したほうがよいと考えます。

　たしかに世の中には、会計など行わずとも急成長するスタートアップ企業なども存在します。そのことを引き合いに、「財務会計は利益の向上に役立つかもしれないが、実施せずともうまくビジネスを行えば、十分に利益は上がるのではないか」と考える向きもあります。

　この点について、実践的な経営学者である**ヘンリー・ミンツバーグ**（**第2章第6節**）は、「マネジメントとは、本来、"クラフト（経験）"、"アート（直感）"、"サイエンス（分析）"の3つを適度にブレンドしたものでなくてはならない」と述べ、サイエンスである定量的な会計情報の必要性を指摘しています[7]。つまり、経験や勘だけで経営がうまくいくこともあるが、会計を活用したほうが、より高い確率で成功する、ということです。

　このことは、スタートアップ企業に対する研究成果でも確認できます。スタートアップ企業で経営計画を作成した企業は、作成しなかった企業よりも事業を成功させる確率が高い

---

*7　ヘンリー・ミンツバーグ『MBAが会社を滅ぼす』（日経BP、2006）

ことが、日本や米国等の様々な研究より判明しているのです[8]。経営計画は刻々と変化するビジネス環境に合わせて常に改善し続ける必要があり、改善し続けるためには現在の自社の状況が把握できていなければなりません。ダイエットをするとき、体組成計を使って体重や体脂肪率を確認することと同じです。定量的に自社を把握する手法において、会計以上に効率的な方法はありません。

中小企業においても、経営に会計の考え方は欠かせないものなのです。次節からは、会計に馴染みのない初学者向けに、会計の初歩を解説していきます。

---

[8] 小樽商科大学ビジネススクール『MBA のためのビジネスプランニング』(同文舘出版、2011、改訂版)

第2節　貸借対照表はお金の流れ

貸借対照表の基礎

　会計の基本は、**貸借対照表**（英語でBalance Sheet、略してBS等ともいう）にあります。

　「損益計算書は何となくわかるが、貸借対照表はわからない」という経営者が、たくさんいるものです。損益計算書はパッと見ただけで数字の流れが感じられる一方、貸借対照表にはそのようなわかりやすい流れがないからです。

　損益計算書は、一番上に「売上」があり、下に行くにしたがって「経費」と「利益」がある、という流れになっています。なおかつ、売上というわかりやすい科目から始まるので、初学者にとってハードルが低いといえます。

　これに対し貸借対照表は、左上から「現金」「預金」などと書かれており、一見しただけでは勘定科目と数字の羅列にしか見えません。ですが、貸借対照表にも数字の流れがあります。貸借対照表では、右側から左側に向けて、お金が流れているのです。

　貸借対照表は、左右に2分割された構造になっています。左側が「借方」、右側が「貸方」です。

　「かりかた」は「り」の字が最後に左向きなので左側、「かしかた」は「し」が最後に右向きなので右側、という覚え方

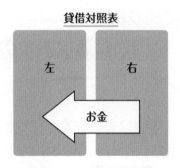

貸借対照表

| 左 | 右 |

お金

がよく知られています。

右側は「お金の調達先」

　さて、数字（お金）の流れという観点から整理すると、貸借対照表は、貸方（右側）に「お金をどこから調達したのか」が書かれており、借方（左側）に「調達したお金を何に使ったのか」が書かれている、とまとめることができます。

　たとえば、次のような感じです。

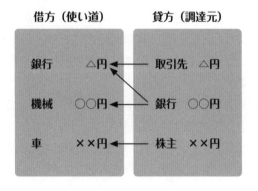

借方（使い道）	貸方（調達元）
銀行　△円	取引先　△円
機械　〇〇円	銀行　〇〇円
車　××円	株主　××円

貸方（右側）の例としてとわかりやすいのは、銀行から融資を受けた場合や、株主から出資を受けた場合です。必要となるお金を現実に借りており、調達元という意味でもわかりやすいところです。

　これらに比べ、よく出てくる勘定科目で、初学者には感覚的にわかりにくいと思われるのが、「買掛金」「支払手形」「未払金」などです。これらは、会計では取引先からお金を借りていると考えます。

　一例として「買掛金」を考えます。買掛金は、1か月分の代金を、まとめて来月に請求してもらうときに使う科目です。いわゆる「ツケ」でモノを買っている状態です。仮に「10万円のモノをツケで買った」場合と、「10万円のモノを買って10万円の代金を支払い、同時に10万円を借りた」場合では、支払う（返済する）金額は同額です。つまり買掛金とは、取引先からお金を調達しているということになります。

左側は「お金の使い道」

　借方（左側）は、お金の使い道です。社用車を買う、機械を買う、工場を作るなど、経営では数々のお金を使います。

　銀行に預けておくことも、お金の使い道に含まれます。「預ける」という行為に使ったわけです。

　貸方（右側）における「買掛金」「支払手形」と同様、初学者にわかりづらいのが「売掛金」「受取手形」です。これらは、ツケで売り、後から代金を受け取るという約束です。前述の「買掛金」の例と同じように考えるので、取引先にお金を貸している状態となります。

　「売掛金」「買掛金」は、都度精算という手間を省くために、まとめ払いという効率的な取引を行うものです。お互いを信用して行う取引なので「信用取引」と呼ばれます。

　以上のように、貸借対照表は全体として「お金の流れ」を表しており、右側は「お金をどこから調達したか」、左側が「お金の使い道」、という理解が、会計の第一歩です。

調達元は大きく2種類

　お金の使い道である借方（左側）は、すべて会社の財産になります。これを、会計用語で「**資産**」と呼びます。

　一方、調達元である貸方（右側）は、大きく分けて2種類あります。「他人から調達したお金」と、「会社のものとして調達したお金」です。貸借対照表の右側は、他人から調達し

たお金と、会社のものとして調達したお金に分かれているということです。

　お金の調達先が誰かという情報は、会計においてとても重要です。他人から調達したお金は借金であり、当然、返さなくてはいけません。これに対し、会社のものとして調達したお金は、返済の必要などありません。

　つまり、貸借対照表の貸方（右側）が２種類に分かれているのは、返済義務の有無を区別するためということです。会計用語では、他人から調達したお金を「**負債**」、会社のものとして調達したお金を「**純資産**」と呼びます。

貸借対照表

資産	負債
・会社の財産	・他人から調達したお金 ・返済義務がある
	純資産
	・会社のものとして 　調達したお金 ・返済義務はない

　「資産」と「純資産」があるのが、ややこしいところです。資産とは会社の全財産であり、純資産は会社をお金に換算した場合の純粋な財産、と理解するとよいかもしれません。

　仮に、資産をお金に換算すると３億円、負債をお金に換算すると２億円である場合、資産３億円から負債２億円を支払った（返済した）後で手元に残る純粋な財産（１億円）が、純資産というわけです。

現金化までのスピード

貸借対照表には、様々な勘定科目が書かれています。様々な科目があるのは、会社の実態をわかりやすく表現する目的のほか、今後のお金の出入りを大まかに知るためでもあります。

資産のうち、現預金は、今すぐに使うことができるお金です。売掛金は1〜2か月、受取手形は3〜6か月後に、入金されます。工場・機械・自動車などは、売却すれば現金化できますが、本来は売って現金を得るための資産ではなく、ビジネスで使用して利益を得るための資産です。すなわち、長期にわたり利益をもたらす形で、会社の現金を増やす資産です。

負債でも同じです。買掛金は1〜2か月で支払います。これに比べ、長期借入金は、長いものでは10年以上かけてゆっくりと返済します。

このように、勘定科目によって現金化までのスピードが異なります。

科目ごとの現金化のスピードの違いを知ることは、会社の安全性を知ることにつながります。

仮に１年以内に現金化できる資産が１億円、１年以内に返済が必要な負債が２億円というとき、会社は支払額を用意できず倒産してしまいます。倒産する可能性が低いほど、その会社の安全性は高いといえます。貸借対照表とは、お金の流れを見ることにより、会社の安全性を見ようとするものです。

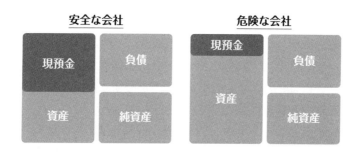

　そのような観点から、貸借対照表は、類似の取引を科目にまとめ、さらにその科目がいつぐらいにお金に変わるのかを、「流動○○」と「固定○○」という名称で、ざっくりと２つに区分けしています。資産であれば流動資産と固定資産、負債であれば流動負債と固定負債です。

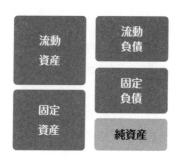

原則として、借方は上から「流動資産→固定資産」の順になっており、貸方は上から「流動負債→固定負債→純資産」の順となっています。

　ざっくりといえば、上のほうにある科目のほうが現金に変わりやすいもの、下のほうにある科目のほうが現金に変わりにくいものです。

　流動資産と固定資産は、「1年以内に現金に変わる資産」が流動資産、「1年を超えて使う資産」が固定資産と分けることができます。厳密には、正味営業循環基準という、営業にかかわるものは流動とする基準がありますが、まずは「1年で線引きする」程度の理解でかまいません。

　会社にとって1年は、さほど長い時間ではありません。1年で線を引けば、お金に変わりやすい資産と変わりにくい資産に区分けがしやすいものです。

　負債も同様に、1年以内に支払い（返済）が必要な負債が流動負債、1年以上先の負債が固定負債です。

貸借対照表は左右対称表

　貸借対照表は英語ではバランスシートといいますが、これは、借方の合計と貸方の合計が必ず一致するからです。

　複式簿記を勉強すると、必ず貸借の数字が合うまで計算させられるのも、このためです。

　貸借対照表の左右は、比較対照されるだけでなく、対称でもあるということを、とくに会計の初学者はあらためて押さえましょう。

第4節　会社の安全性を見る3つのポイント

　本節では、法人の貸借対照表の読み方について、初学者にもわかりやすい、チェックすべき3つのポイントをお伝えします。

　用語に慣れないうちは難解そうにみえますが、実際にはとても簡単です。

ネットキャッシュ比率

　1つめは、**ネットキャッシュ比率**です。これは、全財産のうち、現預金（ネットキャッシュ）がどのくらいあるかを表した比率です。その算式は、次の通りです

> ネットキャッシュ比率＝現金・預金÷資産合計

　それぞれの科目は、貸借対照表のこの辺りにあります。

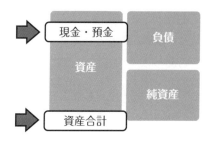

業種によって差はありますが、このネットキャッシュ比率が30%を超えてくると、かなり資金繰りに余裕があり、安全な会社といえます。ただし、判断するにあたっては、必ず資金繰り状況を加味した実額も確認してください。サービス業のような人件費が多くを占める事業の場合、資産合計が少ないため実額が少なくても比率が高くなることがあるためです。逆に10%を下回ると、自転車操業になることが多く、資金繰りに不安な会社とみなして差支えありません。

　顧問先等から「賞与を出してよいか？」と聞かれた場合、実額に余裕があることはもちろんですが、ネットキャッシュ比率が10%を下回るようであれば、まずは内部留保を増やすようすすめたほうがよいかもしれません。

　ネットキャッシュ比率を計算するうえで、１つ注意点があります。定期預金、積立預金がある場合です。

　本来、会社に定期預金・積立預金など不要です。会社は資金を事業に投資して利益を得ることが目的だからです。定期預金・積立預金は固定性の預金といわれ、日常的に事業に利用されるものではありません。そのため、事業投資に活用されていない資金と考えられます。

　そうはいっても、「将来の設備投資資金として定期預金に分けている」とか「納税資金として積立預金を活用している」という場合もあります。このような場合は、

（現金・預金－定期預金・積立預金）÷資産合計

の指標も注意しながら、日々の資金繰りを考えましょう。

なお、定期預金が借入金の担保になっている場合には、会社の資金として活用することができません。担保になっている資金がある場合には、ネットキャッシュ比率を計算するうえで、該当の預金を現金・預金から引いて計算します。

純資産比率

　2つめは**純資産比率**です。資産合計のうち、返済しなくてよい資産がどのぐらいあるのかを表した比率です。計算式は、次の通りです。式の「負債・純資産合計」は資産合計と全く同じ数値です。

純資産比率＝純資産合計÷負債・純資産合計

　それぞれの科目は、貸借対照表のこの辺りにあります。

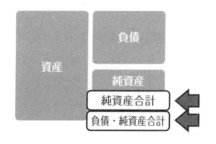

　純資産比率は、まずは30％以上が目安です。30％を下回る場合、資金調達に占める借入金やリースが多くなる傾向があり、資金繰りが苦しくなる可能性が高くなります。安全性を高めるためにも、いずれは純資産比率50％以上を目指す

べきです。設備投資がほとんどいらない会社の場合には、80％以上も到達可能です。

　なお中小企業には、純資産比率がマイナスという会社もあります。いわゆる債務超過の状態です。

　債務超過の会社は、分子である純資産がマイナスになっています。とくに、純資産の中にある繰越利益剰余金という科目がマイナスになっています。理由は簡単で、赤字が多い会社だからです。

　このような会社は、おおむね経営者が会社にお金を貸す形で資金繰りをしています。経営者からの借入金ではなく金融機関からの借入金の場合は、倒産リスクが高いため、資金状況を改善するための専門的な対応が必要です。

借入金比率

　３つめは**借入金比率**です。会社のお金のうち、どのぐらいを借入金で 賄 っているかを表す比率です。計算式は次の通りです。

> 借入金比率＝（短期借入金＋長期借入金）÷負債・純資産合計

　それぞれの科目は、貸借対照表のこの辺りにあります。

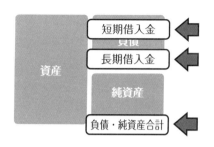

　借入金比率は、30％以下が当初の目安であり、最終的には０％が目標となります。

　ただし、必ずしも０％が最良ではありません。金融機関との関係があるからです。

　金融機関から借入を行っていると当然、利息の支払いが必要なので、借入金を０にしたい、ということはよく聞かれるところです。

　とはいえ、借入の実績がない会社の場合、新規の借入に時間がかかるという問題があります。金融機関が会社を評価（審査）する時間がかかるからです。一方、一定額の借入金を残し、金融機関と継続的な取引を行っている場合は、継続的に金融機関から評価をされているため、融資までの時間が短くなります。

　また、金融機関は前例主義なところがあり、多額の返済を安定的に行えていると、次回も多額の融資を受けやすくなります。そのため、とくに建設業や製造業のように高額な設備投資が必要な業種では、あえて返済を完了せず、常に一定額を借り入れておくことも、筆者はおすすめしています。

また、借入金比率を計算するにあたり、貸借対照表にいろいろな名前の借入金がある場合があります。たとえば「個人借入金」「経営者借入金」「１年以内返済借入金」等です。

　この場合、分子の借入金に含めるのは、第３者との取引で返済義務のあるものの合計になります。

　経営者や身内から借りている借入金は、「あるとき払い」の「催促なし」になっていることが多いです。そのような借入金については、返済の緊急性と重要性が低いため、上記の計算には含めません。

　なお中小企業でも社債等がある場合には、これを含めて計算したほうが、借入依存度がわかりやすくなります。実態に合わせて計算しましょう。

赤字の会社でも倒産しない理由

　会社というものは、たとえどれだけ赤字でも、お金さえあればつぶれません。中小企業に債務超過の会社が多いのも、赤字とはいえ資金があるからです。

　よくあるのが、多額の役員報酬で赤字になり、不足した資金を経営者が会社に貸し付けるケースです。この場合、貸借対照表に経営者からの借入金が多額に計上されています。現金があるので、この会社は倒産しません。

法人と個人の違い

　なお、本節では、法人の貸借対照表についてみてきまし

た。

　損益計算書については、月々の経営状況を見るにあたり、法人でも個人でも内容に違いがあまりありませんが、貸借対照表では、両者に明確な違いがあります。

　個人の貸借対照表には、純資産がありません。代わりに「事業主」とつく、プライベート（事業以外）を表す勘定科目があります。帳票に事業以外の数字が混ざっていては、お金の流れが不明瞭になり、事業の安全性を見るにあたり妨げとなってしまいます。

　一般に、「信頼を得るためには、個人事業主から法人にしたほうがよい」とよくいわるのも、このためです。個人事業主は、事業を大きくしたい、成長させたいと考える場合は、節税のためではなく、お金の流れを明確にして信頼を得るため、法人化をすべきなのです。

損益計算書の基礎

　続いては**損益計算書**（PL）です。損益計算書では、売上
と経費から利益を計算します。

　貸借対照表が開業時から書類作成時までの積み重ねである
のに対し、損益計算書は1年間の会社の経営成績をまとめた
書類となっています。そのため、損益計算書の数字は、翌年
に引き継がれません。

　損益計算書というものは、非常にざっくりと図解すれば、
このようになります。

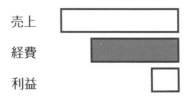

　通常目にする損益計算書は複雑ですが、損益計算書の基本
的な内容は、実はこれだけなのです。

　損益計算書が一見すると非常に複雑なのは、経費（と一部
の収益）を種類ごとに分けて、細かい情報を確認するように
しているからです。

ここでは具体例として、経費を次の３つに分けます。

---

① 　材料、外注、仕入商品等、売上に直接関係するもの
② 　売上に直接関係ない費用のうち本業に関係するもの
③ 　その他の本業以外の継続的な費用と収益

---

　①〜③を一般的な損益計算書の科目と対応させると、次のようになります。

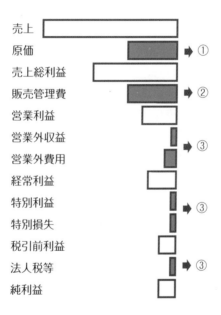

　このように、経費や収益の一部を種類ごとに分けることで、ビジネスの全体像が大まかにわかります。

このとき、科目の分け方を統一することで、比較がしやすくなります。他社との比較や、自社の前年・前々年と比較する際は、分け方を統一している必要があります。営業部であれば、取引先別としたり、人事部であれば部署別としたり等、必要な情報に合わせて数字を分類します。目的の数だけ分け方の方法が生まれます。

３つの経費の詳細

　①〜③の中身を少し細かく確認します。

　①に該当する経費を「**原価**」といいます。原価とは、製品の製造やサービスの提供に直接必要な、材料費・労務費・諸経費です。

　原価に含まれる経費は、売上の増加に合わせて増える経費です。たとえば、小売店が仕入れる商品や、飲食店が仕入れる材料、運送業界の燃料などが該当します。売上が２倍になれば、原価も２倍になります。

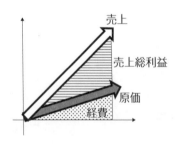

　売上と原価の差である利益を「**売上総利益**」といいます。いわゆる「粗利益」です。

②に該当するのは、販売費および一般管理費（以下「販管費」）です。販管費は、給料、電気代、保険料など、会社を維持するために必要な費用です。

　①の原価との大きな違いは、売上が伸びても大きく変わらないことです。もちろん、会社の維持費も毎年変動します。たとえば、売上増加による残業で人件費が増えたり、機械が故障した年には、その修繕費が必要です。とはいえ、従業員を倍増するような特段の理由がなければ、変動幅は販管費の総額からみて、それほど多くなりません。

　これに対して、売上と原価は、売上が2倍になると原価も2倍になる関係です。つまり、経費としての性質が全く異なります。性質が違う経費は分けて考えたほうが、経営状況がわかりやすくなります。

　売上から、原価と販管費を引いた利益を**営業利益**といいます。
　以上を図にすると、次のようになります。

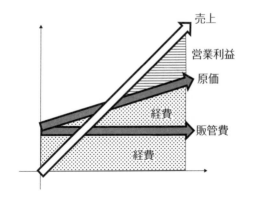

経費としては販管費分の底上げがあり、売上の伸びに応じて原価が増えています。販管費は会社の維持費なので、ざっくりと考えれば売上の増減にかかわらず同程度になります。たとえ売上が０円でも、給料・地代・電気代等がかかるためです。

　最後に③の、その他の本業以外の継続的な費用と本業以外の収益です。ここに該当する主な費用は、銀行の利息です。本業以外の収入や、突発的な収入・費用も該当します。たとえば、コロナの給付金や補助金・助成金です。

　こういった経費を引いた後、税金が引かれ、純利益として最終的な利益が出ます。この純利益こそが会社に貯まるお金です。会社の安定にはお金が必要です。そのため毎年、純利益を出し続けられるように経営をしなくてはいけません。

売上ではなく利益に注目

　損益計算書を毎月見ているという経営者の中にも、実は売上しか見ていないという人がたくさんいます。経営計画の目標が売上になっている経営者です。

　本来、経営の目標は利益であるはずです。会社に残るお金は、利益からしか生まれません。売上目標を立てる場合にも、あくまで最終目標は利益です。利益から逆算して必要売上を立てるなど、利益を意識しましょう。

損益分岐点とは

　前節では、一般的な財務諸表をもとに、損益計算書の全体像を確認しました。これを踏まえて、本節では損益分岐点を計算します。

　損益分岐点とは、利益がちょうど0円となる（＝売上と費用が等しくなる）ときの売上を指す、会計学での概念です。文字通り「損」と「益」の分岐点であり、赤字と黒字の境目です。

　損益分岐点を知っているのと知らないのとでは、経営判断が変わってきます（どのように変わるかは後述）。

　損益分岐点を計算するにあたり、まずは日本特有の問題を解決しなければなりません。

　本来、会計の考え方では、原価と販管費を用いることで損益分岐点が計算できます。

　ここで、原価に含まれる労務費（人件費）が問題となります。原価は本来、売上に比例して増減するものです。海外の場合、労働量に合わせて雇用・解雇が行われるため、労務費も売上に比例して増減します。

　しかし、日本の場合、労働法により、従業員を自由に解雇

することができません。すなわち、売上が低下した場合でも、売上に比例して労務費が減少しません。しかも日本では、そもそも労務費が高く、原価のうち大きな割合を占めています。そのため、労務費を含んだままでは、原価は売上に比例して変動しません。

そこで、原価と販管費をそのまま活用せず、売上に比例する費用を変動費、売上の影響をほとんど受けない費用を固定費となるよう、科目を振り替えます。科目の振替えにあたっては、労務費以外にも、売上に比例して増える科目であるのに販管費に含まれてしまっているものがあれば、同時に行います。たとえば、次のようになります。

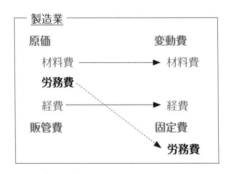

この**製造業**の例のように、原価に労務費が含まれている場合は、労務費を固定費に移します。労務費には賃金のほか、法定福利費や福利厚生費など、人にかかわる経費も含みます。

これにより、変動費は「原価－労務費」、固定費は「販管費＋労務費」になります。

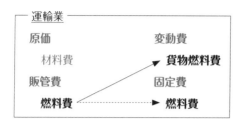

本来は原価となるべき科目が販管費に入ってしまっている場合、原価にあたる部分を変動費に移します。上記の**運輸業**の例では、貨物車両用の燃料費も、その他の燃料費も販管費の燃料費に計上されていました。そこで、燃料費のうち、貨物の燃料費にあたる部分を変動費に移動させ、その他の燃料費は固定費に移動します。

このようなことが起きるのは、中小企業の場合、正しく原価管理をしていないことが多いためです。中小企業の経営者には、貸借対照表や損益計算書の読み方を知らない人が少なくありません。財務諸表の内容にもあまり興味がなく、簡単で安価な作成方法で済ませてしまうので、その財務諸表を見ても、原価が材料費だけとか、外注費だけということがあるものです。これでは会社の経営状況の把握などできません。とはいえ、すべての経費を正しく変動費と固定費に割り振るにも時間がかかります。

そのようなときは、損益計算書の販管費科目の中で金額の多いものをチェックし、変動費に該当するものがあれば、概算で按分してください。たとえば、先の運輸業の例で、経営者にヒアリングした結果、燃料費のうち約90％が貨物の燃料となった場合は、変動費は「原価＋燃料費×0.9」、固定

費は「販管費－燃料費×0.9」、という具合です。

損益分岐点の計算

　さて、原価を変動費、販管費を固定費とすることで、損益分岐点を計算する準備ができました。いよいよ、経営の重要な指標である、損益分岐点を考えます。

　あらためて損益分岐点とは、会社が黒字になるか赤字になるかが決まる売上の額です。売上が損益分岐点を上回れば黒字に、下回れば赤字になります。

　売上、変動費、固定費の関係からグラフを描くと、次のようになります。

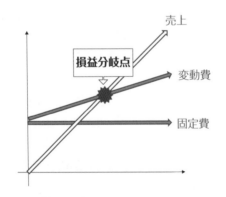

　損益分岐点において売上は、必ず「売上＝変動費＋固定費」となります（**損益分岐点売上**）。

　その金額は、次の計算式で求められます。

損益分岐点売上＝売上×固定費÷（売上－変動費）

また、損益分岐点売上と売上の比を「**損益分岐点比率**」と呼びます。計算式は次の通りです。

損益分岐点比率＝固定費÷（売上－変動費）

　損益分岐点比率は、売上が何％まで下がったら利益が0になるかを示します。たとえば、売上1億円、損益分岐点比率90％であれば、損益分岐点売上は9,000万円になります。

　損益分岐点は、たとえば、金融機関の評価に影響を与えます。金融機関は会社への融資にあたり、その会社を赤字か黒字かをもとに評価を行うからです。
　そのため、仮に現状の売上が損益分岐点の目前であれば、一時的に値引きをする等、利益を意識した経営判断が視野に入ってきます。

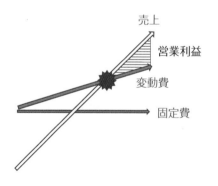

　上記は、前掲のグラフの一部を拡大したものです。売上と変動費の差である営業利益の額が、損益分岐点を超えてから急増しています。これは、固定費が売上の増加にかかわら

ず、ほとんど変動しないためです。つまり、損益分岐点を超えたら、売れば売るだけ「売上－変動費」の差が利益になるということです。

　以上を踏まえると、損益分岐点を超えたとき、たとえばなんらかのキャンペーンを打ち出し、売上・利益の上乗せをするという営業戦略が考えられます。

　あるいは、期中にシミュレーションを行い、残りの期間で損益分岐点売上までに必要な売上を計算し、その結果をもとに残り期間の販売計画を立てることも可能になります。

　このように、損益分岐点を理解・意識することで、より合理的な経営判断が可能になります。さらに高度な活用ができれば、「単価をいくらに改定すれば黒字になるか」「客数をどれだけ伸ばせば黒字にできるか」なども計算できるようになります。「黒字」という1つの目標をもとに、様々な視点で分析ができるようになるため、損益分岐点は重要な指標といえます。

損益分岐点は金融機関も気にしている

　金融機関も損益分岐点を気にしています。

　たとえば、損益分岐点比率が70%ぐらいであれば、仮に売上が30%下がっても黒字ですが、95%ぐらいであれば赤字すれすれです。金融機関は融資が返済されるかどうかを気にする立場ですので、損益分岐点比率は融資判断を行うときの指標の1つになっています。

給与水準の２つの指標

　中小企業でもとくに小規模な会社の場合、固定費に占める人件費の割合が大きくなるものです。

　市場で生き残っている小規模な会社とは、ニッチ市場での差別化に成功している会社であり、その事業は、手間がかかる内容や、定型化しにくい内容が多くなりがちです。そのためなかなか自動化できず、事業が属人的なものとなるので、経費の大部分を人件費が占める構造となっています。

　とにもかくにも、大多数の企業にとって、適切な従業員給料（賃金）の設定が悩みの種なのは、ことさらいうまでもありません。

　給与の水準を検討するにあたっては、社員の年齢層、自社の収益状況、あるいは経営理念や戦略まで、様々な要因が影響します。そのため、残念ながら適切な水準を一意的に決定する方法はありませんが、一定の指標に基づく方法がないわけでもありません。**①世間相場と比較する方法**と、**②損益計算書を活用し自社の収益性をもとに試算する方法**です。

第
3
章
　
会
社
を
知
る
会
計

世間相場との比較

①世間相場と比較する方法とは、政府の統計調査を使うことです。

政府による統計調査には様々なものがあります。下記は、人件費の相場を知る際に参考となる調査です。

厚生労働省「賃金構造基本統計調査」

雇用される労働者の賃金実態を明らかにすることを目的とした調査です。雇用形態別、職種別等、詳細な給与情報が確認できます。

中小企業庁「中小企業実態基本調査」

中小企業の経営状況を明らかにすることを目的とした調査です。業種別・事業規模別の人件費のような人にかかわる経費の情報も確認できます。

国税庁「民間給与実態統計調査」

民間事業者の給与実態を明らかにすることを目的とした調査です。賃金構造基本統計調査とまとめ方は若干異なりますが、類似の詳細情報が確認できます。

各統計調査の目的の違いにより、若干特徴がありますので、欲しい情報に合わせて使い分けるとよいでしょう。複数の調査にあたることで、業種の違いや規模の違い、雇用形態の違い等、様々な視点でどのような給与が世間の相場となっているかを確認できます。

たとえば、国税庁「民間給与実態統計調査」を活用して、令和３年分の業種別・事業規模別平均給与をグラフ化すると、次のようになります。

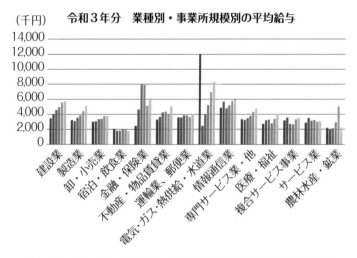

（千円）　**令和３年分　業種別・事業所規模別の平均給与**

■ 1～4人　■ 5～9人　■ 10人以上　■ 30人以上　■ 100人以上　■ 500人以上

　とはいえ、この政府の統計調査の金額をもとに、安易に給与の額を決めることなど当然できません（そもそも従来と大きく異なる給与形態を導入すれば混乱を招くのは確実ですが、ここでは考慮しないものとします）。統計調査は結局のところ平均値にすぎないので、自社にそのまま当てはまるとは限らないからです。また、仮に自社従業員には平均を大きく上回る額を支給したいと思っても、無い袖は振れません。

損益計算書から労働生産性を計算

　そのため、統計情報を1つの指標と踏まえて、自社の実態と擦り合わせます。前述の②損益計算書を活用し自社の収益性をもとに試算する方法です。

　まず、自社の給与の支払い状況を、「**労働生産性**」という指標を用いて整理します。労働生産性は、労働投入量あたりの生産性を数値化したものです。

> 労働生産性＝付加価値額÷労働量

　計算式の「付加価値額」は、「営業利益＋人件費＋減価償却費」で計算できますが、売上から変動費を引いた利益である限界利益を用いても大きく乖離しません。

　また、同じく計算式の「労働量」については、労働時間や労働者数等が一般的に用いられますが、ここでは給料について考えたいので、「労働量＝人件費」とします。

　なお、この人件費には、法定福利費や福利厚生費も含んでください。なぜなら、これらの費用は、会社にとっては労働の対価として、会社が労働者に提供するものととらえることができるからです。

　以上を踏まえて算出した「労働生産性」は、損益計算書上の**限界利益**（＝売上－変動費）と**人件費**（原価人件費を含む）の比較をするものになります。

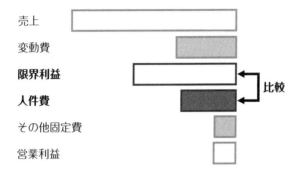

売上	
変動費	
限界利益	
人件費	比較
その他固定費	
営業利益	

　この労働生産性の値から、従業員１人あたりが、人件費の何倍の利益をもたらしているかがわかります。仮に労働生産性が1.2や1.3となったのであれば、その他の経費を相当減らさないと、会社には利益が残らないでしょう。

　たとえば、労働生産性が1.2の場合、限界利益の83％以上が人件費ということです。すなわち、限界利益の17％弱で設備維持費等の会社の維持を賄えなければ、赤字になります。仮に限界利益が１億円であれば、給料・法定福利費・福利厚生費が8,300万円以上と高額なのに対し、その他経費は1,700万円しかありません。これでは会社の維持すら困難です。

　逆に、労働生産性が2.5～3.0等と高い値であった場合は、現在の給与水準が低すぎる可能性があります。利益をどの程度従業員に還元するか、再考の余地があります。

余談ですが、本書の**第1章・第2章**では他社との「差別化」についてたびたび言及したわけですが、差別化によって利益が上乗せされれば、この労働生産性の数字上、分子である付加価値額（≒限界利益）が増え、労働生産性が高まることとなります。つまり付加価値の高い商品・サービスをリリースすると、同じ人件費・同じ販管費でも生産性が増え、高い利益を得ることができます。

労働生産性の計算における留意点

　なお、労働生産性の計算にあたっては、親族役員や親族従業員の報酬、過大な役員報酬に注意が必要です。

　たとえば、中小企業では、ほぼ仕事などしていない経営者夫人に給与が払われていることがあります。税金を減らす目的で、経営者への役員報酬を経営者と妻で分配しているのかもしれませんが、そこに生産性はありません。

　また、過大な役員報酬が労働生産性を下げていることもあります。従業員の給与については統計調査が大いに参考になりますが、役員報酬については「一般的な企業であれば妥当な役員報酬か」という視点で意識するしかありません。

　なお、個人事業主の場合、人件費に事業主本人の報酬が含まれていません。労働生産性を計算するにあたっては、人件費に事業主の想定給与等を含めて計算しないと、適切な値となりません。

各社の状況等によって適切な給与水準が異なるのは、いうまでもありません。とはいえ、なんらかの指標もない状態では、なにをもって「自社にとって適切」といっているのかすら不透明というものです。上記の統計調査（世間相場）との比較と、労働生産性の試算は、どちらも簡単に行えるものですが、人件費について検討するうえで重要な指標になるはずです。

第8節 キャッシュフロー計算書

キャッシュフロー計算書とは

キャッシュフロー計算書は、財務3表の中でもっとも簡単で、もっともわかりにくい帳票です。

キャッシュフロー計算書を一言で表すなら、「一定期間に現金が増えた理由と減った理由が列挙されている帳票」となります。「キャッシュ＝金」「フロー＝流れ」という意味なので、そのままの表現です。

キャッシュフロー計算書にはたとえば、売掛金を回収したから○○円お金が増えたとか、銀行にお金を返済したから●●円減ったことなどが書かれています。あまり細かく書くと読みにくいので、会計用語を用いてまとめられています。たとえば買掛金と支払手形は、まとめて「仕入債務」と記載されます。

キャッシュフロー計算書は、それだけを単体で見ても、あまり役に立ちません。現金残高の推移を見たいだけなら貸借対照表で十分です。そのため、そもそも「何を読み取ればよいのかわからない」という人も少なくないものです。

キャッシュフロー計算書は、貸借対照表や損益計算書と比較しながら見るものです。

たとえば、まず損益計算書の当期利益を確認し、次にキャッシュフロー計算書を見ると、現金の増加額が一致しません。キャッシュフロー計算書にはその理由が書かれています。一例として、「売上債権」が利益とキャッシュの差額と同じ金額だけ増えていたので、理由を調べてみたところ、商品を掛で売ったため回収に2か月かかることになったから、といった具合です。

　このように、キャッシュフロー計算書を他の帳票と比較してはじめて、経営状況や現金状況が明らかになります。

　現金との比較をするだけであれば、キャッシュフロー計算書など必要ないと思えるかもしれませんが、そんなことはありません。利益だけでは会社は維持できないからこそ、キャッシュフロー計算書が必要とされているのです。

　本章**第3節**の通り、会社というものはどれだけ赤字でも、お金がある限りは倒産しません。逆に、どれだけ黒字であっても、手元のお金がなくなれば倒産してしまいます。会社の経営という点では、利益は重要ですが、利益は現金化されて初めて価値があります。

　利益の中には、現金化までにとても時間がかかるものがあります。代表的なものが手形です。手形は通常、3〜6か月後に現金に変わります。現金化が6か月も先であれば、その間の資金繰りを考えなくてはいけません。万が一、途中で資金がショートしてしまえば、利益は上がっていても黒字倒産となります。

　キャッシュフロー計算書は、このような資金の状況を把握

し、資金繰りに役立てるために作成されます。

3つのキャッシュフロー

キャッシュフロー計算書では、会計用語（売上債権・仕入債務等）にて取引をまとめ、さらに経営との関係性に応じて3つの現金の流れにまとめて考えます。それが、営業キャッシュフロー、投資キャッシュフロー、財務キャッシュフローです。

営業キャッシュフローでは、営業活動の結果、現金が増えたか減ったかがわかります。「儲かったか損したか」ではありません。あくまでお金が増えたか減ったかです。

営業キャッシュフローがマイナスになっているのであれば、会社はビジネスを一生懸命行ったのに、結果的にお金が減ったという、たいへん残念な状態です。営業キャッシュフローはプラスであることが大原則で、その上でどれだけ大きくプラスにできたのかが重要です。

営業キャッシュフローのマイナスが続けば、やがては会社の運転資金が足りなくなるでしょう。そうであれば、金融機関から融資を受けようとするところですが、金融機関も営業キャッシュフローが減り続けているような会社には融資したくありません。

営業キャッシュフローを大きくプラスにして、そのプラス分を新たなビジネスの原資にしたり、融資返済に充てるのが本来です。

投資キャッシュフローでは、会社の成長のために使ったお金がわかります。

　ただし、キャッシュフロー計算書の都合上、未来のための投資でも、教育訓練費、広告宣伝費、研究開発費は投資キャッシュフローに含まれません。

　投資キャッシュフローで計算されるのは、機械やコンピュータ、ソフトウェアなどへの投資です。有価証券や保険積立金なども含まれます。

　未来への投資なので、投資キャッシュフローは原則としてマイナスです。将来の利益につながるお金であるため、活用にあたっては戦略性が重要です。

　営業キャッシュフローと投資キャッシュフローの合計を**フリーキャッシュフロー**といいます。フリーキャッシュフローは、入出金で計算した純粋な儲けです。

　フリーキャッシュフローが多ければ、それだけ経営状態が良いことを表しています。上記の通り、営業キャッシュフローは大きくプラス、投資キャッシュフローはマイナスが原則でしたが、フリーキャッシュフローはプラスであることが前提です。ただし、好調な会社でも高額の投資を行えば、一時的にマイナスになることもあります。

　最後は**財務キャッシュフロー**です。財務キャッシュフローは、資金の調達と返済の結果です。

　中小企業の場合、高額になる科目は借入金の新規借入れか返済です。そのため財務キャッシュフローは、会社のフェー

ズにより、プラスになる場合もマイナスになる場合もあります。基本的に、起業後や成長期には、金融機関から資金を調達するためプラスになります。成長後、利益が生じる時点からは、返済が始まるのでマイナスです。そのため、財務キャッシュフローのプラス／マイナスが、自社のフェーズとあっているかを確認します。

　たとえば、コロナ禍におけるコロナ関連の融資では、とり急ぎ目の前の危機を乗り切るため、多くの会社がお金を借りました。この時点では、財務キャッシュフローは大きくプラスです。しかし、プラスになった財務キャッシュフローは、返済が始まればマイナスになります。返済額については、今後の収益で返済できるかを、現預金残高と見比べながら検討していく必要があります。そのために、過去のお金の流れであるキャッシュフロー計算書を参考にしつつ、未来の資金繰りを見える化することをおすすめします。

　３つのキャッシュフローと現預金の関係性をまとめると、次のようになります。

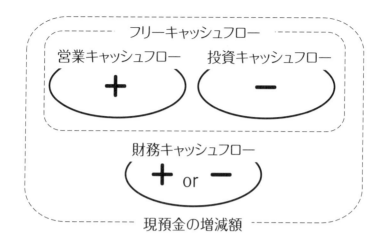

フリーキャッシュフロー

営業キャッシュフロー
$$+$$

投資キャッシュフロー
$$-$$

財務キャッシュフロー
$$+ \text{ or } -$$

現預金の増減額

　3つのキャッシュフローは、営業キャッシュフローがプラス、投資キャッシュフローがマイナス、財務キャッシュフローはフェーズに応じてというのが理想とされています。営業・投資・財務の順に、プラス・マイナス・プラスか、プラス・マイナス・マイナスとなっていない場合、なんらかの問題がある可能性があります。

　この場合、より精密な分析をする前に、まずは、キャッシュが尽きないようにすることが最優先です。短期的な資金繰りのめどを付けてから、中期的な戦略に移ります。

会計上と現実的な会社の儲け

「会社がお金を稼いだ時」とは、いつでしょうか。
　会計や税金の計算では、便宜上、利益が発生した時点を

「会社がお金を稼いだ時」とみなします。現在の経営環境では、利益と現金を同一視しておおむね差し支えないということです。

　しかし、ここまでで明らかなように、会社の存続という観点からいえば、「会社がお金を稼いだ時」とは売上が増えたり利益が発生した時点ではなく、現実にそれらが現金化された時点です。

　会計の初学者は、この点をまず押さえることが大切です。

複式簿記の考え方

　ここまで、貸借対照表、損益計算書、キャッシュフロー計算書と、財務３表を個別にみてきました。本来、これらの帳票は、お互い関係しあっています。本節では、財務３表の関係性をみていきます。財務３表の関係性を理解すると、それぞれの帳票の果たす役割がわかりやすくなります。

　財務３表の関係性を理解するにあたり、複式簿記の考え方を用います。複式簿記では、貸借対照表と同じように、左側を借方、右側を貸方として、次のように経理します。

	借方	貸方
貸借対照表科目：	**資産** /	**負債**
損益計算書科目：	**費用** /	**収益**

　この経理方法に合わせて、貸借対照表・損益計算書を配置すると、次のようになります。

　上が貸借対照表、下が損益計算書です。

　一般的な損益計算書を90度傾けた配置になっています。利益という概念は損益計算書における収益と費用の差なので、このようになります。

第３章　会社を知る会計

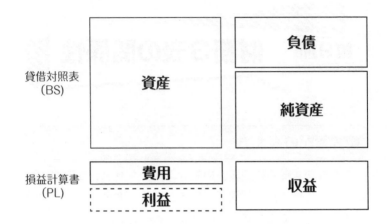

			負債
貸借対照表 (BS)	資産		
			純資産
損益計算書 (PL)	費用		収益
	利益		

次に、ここにお金の流れ、つまりキャッシュフローを追加
します。

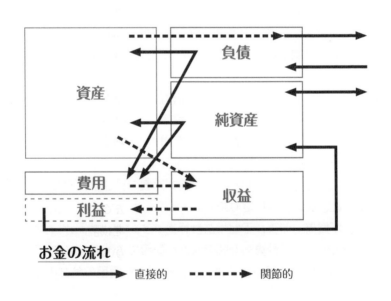

お金の流れ

→ 直接的　------▶ 関節的

矢印がお金の流れです。実線は直接的なお金の流れ、点線は間接的なお金の流れです。

　まず、資金調達（財務キャッシュフロー）を行い、株主から出資を受けたり、銀行からお金を借ります。

　それを設備投資（投資キャッシュフロー）として資産に投資します。同時に、運転資金（営業キャッシュフローの一部）としてお金を使います。これらは収益を得るためです。

　事業投資の結果、収益から費用を引いた差分が利益になります。この利益は本業による収入、つまり営業キャッシュフローです。利益は、純資産の部の繰越利益剰余金として内部蓄積され、今後の商売の原資となります。

　お金の流れを見ると明らかですが、利益を上げるには収益が必要で、収益を得るためには資産や費用への投資が必要です。つまり、新しく利益を上げるには投資が欠かせません。投資が先、利益が後です。たとえば、新しい事業には人やモノが必要です。人やモノに投資し、事業が成功した結果が利益につながります。

　企業が成長し続けるためには、未来に向けた戦略的な投資が、どんなときでも必要といえます。

　会計は、お金で経営状況をとらえる方法です。貸借対照表・損益計算書・キャッシュフロー計算書を横断的に読みこなし、お金の流れをとらえると、とてもわかりやすくなります。

　財務３表が経営に直結する例を挙げます。

損益計算書の間接的な継続性

損益計算書は、それ単体では1年分の収益と費用を見るだけですが、実際には過去の損益計算書は未来の損益計算書に間接的な影響を与えます。過去の営業活動の結果は、利益を通じた資産として、貸借対照表に蓄積されます。

たとえば、過去の利益をもとに行われた設備投資は、今期や将来の収益に反映されます。

貸借対照表を見誤って経営悪化

経営者が貸借対照表を見誤り、過大な負債を抱えることとなると、損益計算書にも影響が出ます。負債の返済は、資産にある現預金から支払われますが、その原資は損益計算書上の利益です。返済額が増えれば、必要な利益が増えます。結果的に、厳しい営業活動が必要になり、そのうえ会社には資金が残りません。

キャッシュフローの意識不足による自転車操業

貸借対照表にある借入金の存在は、経営者としては気になるものです。しかし、キャッシュフローを意識することなく、一時的な利益や補助金・助成金が入ったからといってすぐに返済に回してしまうようでは、結局後日にまた借入れが必要な事態に陥りかねません。返済の必要性が低いときは、内部留保にして運転資金に使うのもおすすめです。

借入金は、利益から返済できるのか、収益性と資金繰り状況を分析し、なるべく社内に現金を保持するこ

とも大事な戦略です。

借入金の返済原資は現金

　借入金返済は、減価償却費と税引後利益を原資に計算します。しかし、実際は減価償却費によって「留保された現金」と税引後利益を「回収した現金」によって返済されます。会計の原則では貸借対照表科目である借入金を、損益計算書科目で減らすことはできません。貸借対照表の借方と貸方が不一致になるためです。

　財務3表の関係性を理解していると、このような問題の本質がわかってきます。

第10節　節税商品はなぜ損をするのか

そもそも節税とは

　会社の利益に対しては、35％ぐらいの法人税等がかかります。利益が100万円なら35万円ぐらい、1,000万円なら350万円ぐらいです。

　多くの中小企業の経営者にとって、この税金は目の上のたんこぶです。そんな経営者に向けて、世の中では多くの節税方法が喧伝<ruby>喧伝<rt>けんでん</rt></ruby>されています。

　いわゆる節税は、「一時的な節税」と「永続的な節税」に大別できます。

　一時的な節税とは、今年の納税額が減る代わりに、来年以後の納税額が増える節税の手法です。代表的なのが、法人用保険の一部の商品や、航空機リースなどの、いわゆる節税商品です。

　永続的な節税とは、法律の規定に則り、納税額が減るものです。経営力向上計画を使った中小企業等経営強化税制による税額控除などが該当します。

　永続的な節税では納税額が純粋に減少するのに対し、一時的な節税では納税時期を繰り延べただけなので、基本的に損

をします。ここではその理由を、節税商品の購入時と換金時の現金の流れからみていきます。

損失の発生と手元資金の減少

節税商品と現金

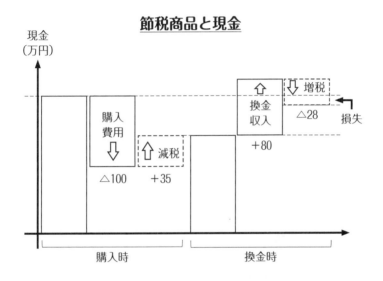

現金
（万円）

購入時　　　　　換金時

　節税商品の購入時は、購入により経費が増えます。

　上記の例では、購入時に100万円を支払いました。経費が100万円増えたことで利益が100万円減り、納税額が35万円（＝100万円×35％）減ります。

　この購入時だけをみると、たしかに35万円節約されていますが、購入費用を減税分で補っても、現金は65万円減っています。節税商品というものは、購入しっぱなしでは意味があ

第3章　会社を知る会計

りませんので、いずれ換金します。保険商品であれば満期や解約です。

　上記の例では、換金時に80万円の収入があります。節税商品は当然、その提供事業者の利益分が上乗せされた価格で販売されていますので、換金価格は購入価格より少なくなるのが通常です。この例では、換金価格が80万円です。

　換金時には80万円分の利益が増えることとなり、これに対して28万円（＝80万円×35%）が課税されます。換金収入分から課税額を差し引くと、換金時の現金は52万円増でした。

　以上を総括してみると、「65万円（購入時の現金損失）－52万円（換金時の現金収入）＝13万円」の現金損失が出てしまいました。手持ちの現金が減っただけでなく、損失も発生したのですから、経営判断ミスというほかありません。

　このように節税商品というものは、商品提供事業者の利益の分、最終的に損をする仕組みとなっています。さらに、このような節税商品にはもう１つ大きな損失があります。それは手元資金が利用期間中減少することです。

　たとえば、購入から換金までの期間が10年かかる場合、10年間手元資金が減少します。先の例のように100万円程度であれば大きな問題ではありませんが、節税商品の購入は総額で1,000万円を超えることが珍しくありません。中小企業にとって、手元資金が1,000万円多くなれば、事業投資の機会増加や資金繰り不安の解消等、様々なメリットが生じます。資金を社外に流出させてしまうと、このような見えない損失が発生します。

くれぐれも誤解をしないでほしいのですが、すべての保険商品が悪いというわけではありません。従業員の福利厚生の向上などに活用できる保険商品など、良い保険もあります。

単に節税を目的とする商品では、結果的に損をするというだけです。

経営者は節税を意識すべきではない

では、経営者は永続的な節税に取り組むべきかというと、筆者はそれも誤りだと考えます。永続的な節税（≒租税関連法令に基づく控除等の活用）は、必要に応じて考慮すべき手法に過ぎず、それを目的に行う種類のものではありません。

たとえば、経営力向上計画を作り、そのために高額な設備投資を行ったり、従業員の給与を計画的に増額させたりするような行為は、会社を成長させ収益を増やすことが目的です。もし、節税を目的として行うのであれば、実質的に損失が多く、不適切な経営判断となります。経営戦略上の行動が、租税法が定める節税要件と一致することで、結果的に節税が行われるべきです。経営者が取り組むべきは、あくまで経営戦略の達成です。

また、永続的な節税としてよく勘違いされるのが、決算前に多数の経費を使い、税額を減らすという行為です。経費は経営に必要なものの購入だけに費やすべきであり、納税額を減らすために経費を使うのは、ムダ遣いです。

そもそも節税とは、納税額を減らそうとする行為です。企

業が法人税額等を減らすためには、利益を減らす必要があります。すなわち、会社の舵取りをすべき経営者の意識が節税意識に向くということは、利益を減らす方向に舵を切ることになります。

　税金に関心があったり、お金に厳しいこと自体は、経営者として望ましい姿勢です。しかし、経営者は経営の本質に立ち返り本業に集中することを筆者は望みます。節税判断は、経営戦略を共有できる税理士に依頼し、経営者は利益を増やすことに集中すべきです。

　経営者の本分は、自社を安定・成長させ、利益を稼ぐことにあります。そのための資金の調達には、計画的な融資だけでなく、補助金・助成金などの活用が欠かせません。経営者と専門家の連携こそが、スピード感のある経営につながります。

おわりに

　この本では、経営の基礎的な部分の理屈と、現場での活用を書きました。筆者がイメージした本書の使い方は、理屈と事例を読み返し、自社の戦略を考えるきっかけにしつつ、顧問先の経営者とお話するネタ帳にしていただくことです。

　ここで書かれていない用語や、新しい考え方に触れたときは、どのような考え方の派生なのか考えると理解しやすくなるでしょう。たとえば、実務上の運用で考えれば、OODAはPDCAと大きな違いはありません（第1章第4節）。ブルーオーシャン戦略もランチェスター戦略も、差別化集中戦略が基本的な考え方です（第1章第3節）。この本で理解したことを活用して、包括的にビジネスモデルを検討したい場合には、アレックス・オスターワルダー、イヴ・ピニュール著『ビジネスモデル・ジェネレーション』（翔泳社、2012）がおすすめです。財務諸表との親和性が高く、ビジネスモデルを見える形で改善することができます。

　ビジネスモデルを考えるときは、「誰（顧客）に、何（商品・サービス）を、どのように（マーケティング・流通等）販売するのか」が基本です。さらに中小企業（社労士を含む）の場合、1人で顧客のすべての問題を解決することは困難です。そのため、「誰と組んで」を考えることも重要です。

　会計と経営戦略のプロをお探しの場合は、筆者に声をかけていただけると幸いです。SNS、メール等様々なオンライン

環境で受け付けています。筆者は元 IT エンジニアですので、遠方でも IT を活用し、対面と同じ品質でサービス提供が可能です。お待ちしております。

　本書を作るにあたって関わってくださった多くの方に感謝します。とくに、成長し難しい年ごろを迎える子供たちを教え育て、家庭をきりもりしてくれている妻に感謝します。子供達の成長は、私の励みになっており、日々の活力となっています。

　本書をきっかけに1社でも多くの企業で、今よりも良い経営が行われれば幸いです。

　ありがとうございました。

令和5年7月

大澤　賢悟

著 者 略 歴

大澤　賢悟（おおさわ　けんご）

　中小企業診断士・IT ストラテジスト・GCS 認定コーチ・税理士・社会保険労務士。大澤税理士事務所所長。

　1978 年生まれ。愛知県豊田市出身。

　電気通信大学大学院修了後、富士ゼロックス株式会社に入社。1 年目より管理職としてデータ分析による見える化と PDCA による現場改善に務め、業務効率 300% 改善を達成。

　退職後は名商大ビジネススクールで経営学を学び MBA を取得。中小企業の「やる気を笑顔に変える」ことを経営理念として大澤税理士事務所を開業。会計・MBA・コーチングを PDCA に組み込んだ独自の見える化式経営を確立。「小学生にも伝わる経営コンサルタント」をモットーに、わかりやすい説明で伴走型のサポートを実施している。

　著書に『むかし話で学ぶ経営塾』（自由国民社、2021）がある。

事務所 HP
https://officeoosawa.jp/

社労士のための経営・会計入門

顧問先の経営により深く関与するための知識＆実践　令和5年9月1日　初版発行

日本法令®

検印省略

〒101-0032
東京都千代田区岩本町1丁目2番19号
https://www.horei.co.jp/

著　者	大　澤　賢　悟
発行者	青　木　鉱　太
編集者	岩　倉　春　光
印刷所	東　光　整　版　印　刷
製本所	国　　宝　　社

（営 業）TEL　03-6858-6967　Eメール　syuppan@horei.co.jp
（通 販）TEL　03-6858-6966　Eメール　book.order@horei.co.jp
（編 集）FAX　03-6858-6957　Eメール　tankoubon@horei.co.jp

（オンラインショップ）https://www.horei.co.jp/iec/
（お 詫 び と 訂 正）https://www.horei.co.jp/book/owabi.shtml
（書籍の追加情報）https://www.horei.co.jp/book/osirasebook.shtml

※万一、本書の内容に誤記等が判明した場合には、上記「お詫びと訂正」に最新情報
　を掲載しております。ホームページに掲載されていない内容につきましては、FAX
　またはEメールで編集までお問合せください。